図解

雑談の一流、二流、三流

はじめに

雑談を使った人間関係を深めるトーク術、教えます！

"雑談の一流"たちは、人間の心理に基づいた成功パターンを明確に摑んでいる——。

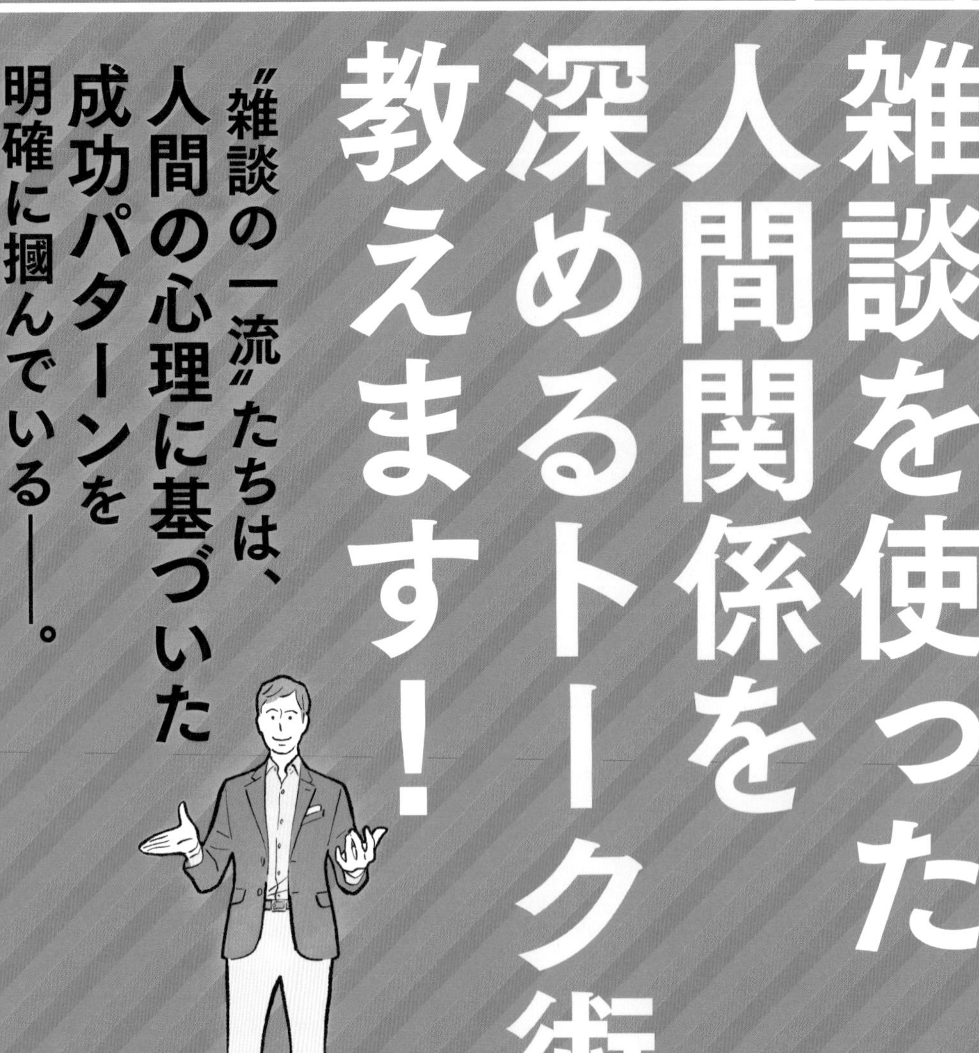

新卒入社3カ月で左遷されました

高校での成績は常にクラスで1位。生徒会長でスポーツも万能でした。比較的、自分のことを優秀だと思っていたタイプの人間です。

そんな私は新卒入社3カ月で左遷されました。なぜ左遷されたか。それは営業成績がドベだったからです。

私は見込み顧客へのアポイント電話ができませんでした。**断られるのがイヤだったからです。**

上司と同行営業するのが大の苦手でした。**自分のトークを聞かれるのが苦痛だったからです。**

自分のことばかり気にして、行動できない私は当然売上ゼロ……。入社3カ月で「来週から地方ね」と宣告されました。

売上達成率ナンバーワンを実現しました

地方に行ってからは、飛び込み営業を課されました。

飛び込み営業は、ほとんどが門

前払い。時にクレームになることもあり、私はほとほとイヤになりました。

だから私は、既存の顧客だけを回るようにしたのです。

まず、毎朝7時に1軒目に訪問し、5分ほど担当者と**たわいもない話をします**。8時には別の会社へ。そこでも**ちょっとした話を担当者とする**。そして9時にはまた別の会社で……。

これを毎日ひたすら続けていました。

ただそれだけなのに、な、なんと既存の顧客からジャンジャン紹介が入るようになったのです。

1年後、気づけば私はエリアマネジャーになっていました。

そして地方に飛ばされて2年。私のエリアは、全国1200店舗中、売上達成率ナンバーワンを実現しました。

コミュニケーションを教える講師になりました

数年後、人材派遣の会社を退社し、まったく畑違いの音楽スクールに受付スタッフとして入社しました。

音楽スクールには、何百人もの講師がいます。いつも控室ではその講師たちと、**たわいもない話でケタケタ笑って盛り上がっていました。**

しかし、私は音楽のことはズブの素人です。だから、講師と音楽の話をしたことはありません。

そんな私は、入社して3年後に事業部長になっていました。

そして2017年、モチベーション&コミュニケーションを設立。

もともと他人には興味がなく、自分のことばかり気にしていた超ビビリな私が、今やコミュニケーションのスクールを創業し、全国35都道府県で事業を展開しています。人生はどう転ぶかわかりません。

人の心を動かす関係性を作るのが、まさに「雑談」

説明がうまい人が売れる。専門知識と技術がある人が出世する……現実はそうではないです。

良い商品がヒットするとも限らないし、カッコイイ人がモテるとも限りません。

人の心を動かすのは、「どんなことを伝えるか?」よりも「相手とどんな関係性にあるか?」です。

その関係性を作るのが、まさに本テーマ「雑談」です。

雑談は、「雑＝とりとめもない」「談＝話」と書きます。

しかし、なぜ「雑話」と書かないのでしょうか？　雑談の「談」は、言うに炎と書きます。

つまり話すことで、関係性に火を灯していくことを意味しています。**関係性を築く方法は、人間の心理に基づいた決まったパターンが存在します。**

しかも**一流と言われる人は、成功パターンを明確に掴んでいます。**

本書では、全国3万人が受講した私のコミュニケーションスクールのメソッドを使用して、**雑談を使った人間関係を深めるトーク術**を展開していきます。

本書をお読みいただければ、「なぜ人間関係がうまくいかなかったのか?」、その理由が明確にわかるはずです。

そして一つでも実践していただければ、きっとこれまで味わったこともない**良好な人間関係を手に入れることができます。**

日々の雑談があなたの人生を変える起爆剤になることを願い、さっそく本書をスタートしていきます。ぜひ、気になるところから読み進めてみてください。

桐生 稔

> **人の心を動かすのは、「どんなことを伝えるか?」よりも「相手とどんな関係性にあるか?」です。**

図解 雑談の一流、二流、三流 CONTENTS

Chapter 3 聞き方とリアクション

Chapter 4 雑談の盛り上げ方

Chapter 5 相手の懐に入る方法

Chapter 6 好印象の残し方

Chapter 7 雑談がうまい人の心構え

■カバーデザイン／小口翔平（tobufune）　■イラスト／山崎真理子
■本文デザイン・DTP／斎藤 充（クロロス）
■編集協力／藤吉 豊（クロロス）、岸並 徹、斎藤菜穂子

Chapter 1

雑談のはじめ方

三流は「今日は暑いですね」からはじまり、二流は「30℃を超えるそうですよ」からはじまり、一流は何からはじめる？

人間が一番興味があるのは誰でしょう？

こんな経験はありませんか？

自分「今日は暑いですね」
相手「そうですね。今日は暑いですね……」（沈黙）

自分「今日は暑いですね。気温が30℃を超えるそうですよ」
相手「30℃ですか。どおりで暑いと思った」
自分「ですよね……」（沈黙）

すぐに沈黙が生まれる会話と、自然に続く会話。一流の人の会話は、もちろん後者ですが、何を意識して会話をはじめているのでしょうか？　実は明確なポイントがあります。

その前に、一つ質問です。

人間が一番興味があるのは、誰だと思いますか？　大好きなアイドル？　気になっている同級生？

違いますよね。一番意識しているのは「自分」だと思います。

自己紹介と他己紹介でも、うまくできるのは、きっと自己紹介だと思います。自分のことが一番よくわかっているからです。

人間は自分のことを一番意識している。そして自分のことが一番話しやすい。むしろ話したいと思っている。一流の人は、そこを明確に理解しています。

話題の矢印を相手に向けてテーマを設定する

一流の人の会話をひも解くと、必ず会話の主題が相手にあることに気づきます。例えば、こんな会話です。

- 「今日は暑いですね。気温が30℃を超えるそうですよ。夏バテとか平気ですか？」
- 「今日は暑さがすごいですね。しかし○○さんって夏男って感じですよね。夏はお好きですか？」

このように話題の矢印を必ず相手に向けて、相手が話しやすいテーマを設定しています。

あなたの周りに、「あの人と話していると、気づいたら会話が続いてる～」と思う人がいれば、会話に注目してください。必ずテーマがあなたに向いているはずです。

雑談の一流を目指すための Check Point

① 人間は、自分のことを一番意識している

② 人間は、自分のことが一番話しやすく、むしろ話したいと思っている

③ 話題の矢印を相手に向けると、自然と相手は話しやすくなる

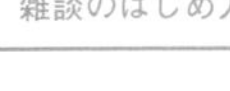

三流の 最初のひと言

今日は
暑いですね
あれ、もう会話が
終わっちゃった…
そうですね。
暑いですね…

すぐに沈黙が生まれてしまう

二流の 最初のひと言

会話が少ししか続かない

一流の「最初のひと言」は…
相手に焦点を当てることからはじめる

夏バテ！
そうなんです～！
暑さには強くないので、
夏バテ対策に野菜をたくさん
摂るようにしているんですよね！
この間、とても
美味しい野菜を見つけて…

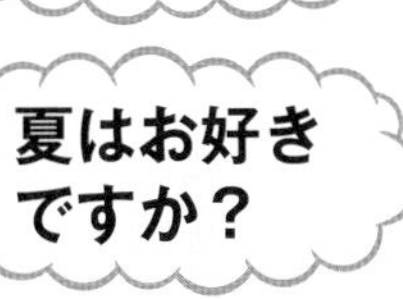

はい、夏は
大好きなんです！
スキューバダイビングが
趣味なので、夏は最高ですね！
昨年の夏休みに
石垣島に行ったんです。
もう海がとにかくキレイで…

相手が話題の中心になるように話を振る

三流は 相手から話しかけられるのを待ち、
二流は 相手より先に話しはじめ、
一流は 先に何をする？

人は質問をされると答えるという習慣がある

刑事ドラマでは、捜査官が犯人と交渉するシーンが出てきます。このとき、刑事は「質問」を使って交渉をしていきます。質問することで、答えを引き出し、徐々に犯人を追いつめていくのです。

普通のドラマでも、脇役が主人公に、「最近どう？」と質問を投げかけるシーンがよくあります。

主人公が質問に答えることで、主人公にスポットライトが当たっていきます。

人間は質問されると答えてしまいます。

「今日のランチは何食べたの？」と聞かれれば、瞬間的に今日のランチのシーンを思い出します。

学校の授業では、先生に「2＋2はいくつですか？」と質問されたら、それに答える。

我々は質問されて、それに答える習慣の中で生きています。

一流はこの習慣を明確に理解しています。

上手に質問を使って、相手から会話を引き出し、会話をリードしています。

実は会話の主導権を握っているのは、話している側ではなく、質問をしている側なのです。

まず質問をしてから会話を始める

私の前職の上司は、全国ナンバーワンのセールスマンでした。

その上司は営業先で、「所長、ご無沙汰しております！　しかし焼けてますね～？　ゴルフですか？」と、必ず先手を取って質問するのです。

質問することで会話の主導権を握っていました。

シリコンバレーの偉大なコーチ、ビル・キャンベルは、アップルの元CEO スティーブ・ジョブズやグーグルの元CEO エリック・シュミットの師と言われる方です。

彼はコーチングをするときに必ず、「How are you? What are you working?（調子はどう？　今何に取り組んでいるんだい？）」という質問から入るそうです。

質問をして先手を取る。質問された人は必ず答える。

このシンプルな法則を一流は徹底しているのです。

雑談の一流を目指すための Check Point

① 人間は「質問されると答える習慣」の中で生きている

② まずは質問をして、相手から会話を引き出す

③ 先に質問をして、相手が答えることで会話の主導権を握ることができる

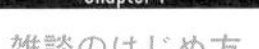

三流の ファーストコンタクト

向こうから
話しかけて
こないかな…
……。
昨日の
ランチでさ…
わ〜、
いいですね！

話しかけられるのを待つだけ

二流の ファーストコンタクト

あの、今日は
いいお天気ですね
そう
ですね
えっと…
それで…
困った、
話題がない…
話は終わり
かな？

とりあえず先に話しかける

一流の「ファーストコンタクト」は…
相手に質問をして、先手を取る

所長、
焼けてますね〜？

質問

ゴルフですか？

質問

そうなんだよ！
昨日、〇〇さんと
ゴルフしてさぁ…

初めて行ったコースなんだけど、
とてもよかったんだ。

そうだ、
今度君にも紹介するよ！

調子は
どうですか？

質問

今は何に取り組んで
いるんですか？

質問

「SDGs（エスディージーズ）」は
ご存知ですか？

私は今、食品ロスを減らす
活動をしていて…

とてもやり甲斐のある仕事で、
周りの方々も優しくて…

相手が話しやすいように会話を導く

テーマ03 出会いがしらの挨拶

三流は挨拶するだけで終了し、二流は挨拶にひと言だけつけ加え、一流はどのように挨拶する？

挨拶＋αで会話がスタートする

挨拶から雑談がはじまるケースもよくあります。

このときに、「おはようございます」だけで終わってしまうと、会話が続きません。

そこで、「挨拶にひと言つけ加える」という方法が、いろいろな本やセミナーで奨励されています。

●**上司との挨拶**「おはようございます。昨日は遅くまでありがとうございました」

●**お客様との挨拶**「はじめまして、〇〇と申します。お会いできて光栄です」

というように、挨拶にワンワードプラスします。

確かに、これも悪くないと思います。しかし、

●「おはようございます。昨日は遅くまでありがとうございました」

⬇「ありがとね」（沈黙）

●「はじめまして、お会いできて光栄です」⬇「こちらこそ」（沈黙）

と、そのあとが続かないケースがよくあります。

「ツープラス」で会話が広がっていく

自然に会話をスタートするには、挨拶にも仕掛けが必要です。その仕掛けとは、「ツープラス」です。挨拶にもうふた言追加するのです。

●「おはようございます（挨拶）。昨日は遅くまでありがとうございました（ひと言）。しかし部長、本当にタフですね（ふた言）」

●「はじめまして（挨拶）。お会いできて光栄です（ひと言）。お噂はかねがね伺っております（ふた言）」

挨拶にはワンワードプラスするのではなく、ツーワードプラスします。

挨拶の次に空白のボックスが二つあり、必ず埋めないといけないというように考えてみましょう。

◆**挨拶＋①□＋②□**

「久しぶり！　①元気だった？　②何年ぶり？」

「こんにちは。①いつも元気ですね。②私も見習わなきゃ」

などと、話のネタを入れます。ボックスに何を入れるかは自由ですが、入れた内容によって次の話の展開が生まれます。

一流は先手を取るのが上手です。先手とは先に話しやすい空気を作ることです。

雑談の一流を目指すための

Check Point

① 挨拶に言葉をつけ加えることで会話がはじまる

② 挨拶には、必ずふた言追加する。「ツープラス」の仕掛けで、会話が展開する

③ 挨拶で先手を取って、話しやすい空気を作る

三流の 出会いがしらの挨拶

あっ、おはよう
ございます…
おはよう
ございまーす
あっ、
○○さん
えっと…
さ、
仕事だ

挨拶だけで終わってしまう

二流の 出会いがしらの挨拶
おはよう
ございます
ありが
とね
ひと言
あっ、
部長
昨日は遅くまで
ありがとう
ございました

挨拶にひと言だけつけ加える

一流の「出会いがしらの挨拶」は…
挨拶に“ツープラス”の仕掛けをする

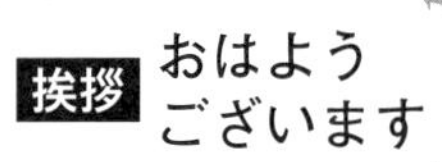

挨拶 おはようございます

ひと言 昨日は遅くまでありがとうございました

ふた言 しかし部長、本当にタフですね

挨拶 おはよう！

ひと言 昨日の飲み会、楽しかったね

ふた言 アレははしゃぎすぎでしょ（笑）

挨拶 はじめまして

ひと言 お会いできて光栄です

ふた言 お噂はかねがね伺っております

最初の挨拶から、雑談をなめらかにスタートさせる

テーマ04 話題がないとき

三流は あたふたネタを探し、二流は「木戸に立てかけし衣食住」から探し、一流は 何から話題を探す？

毎回、雑談のネタを探すのはとても大変

よく雑談ネタで紹介されるもので、「木戸に立てかけし衣食住＝きどにたてかけしいしょくじゅう」というものがあります。

き＝季節、**ど**＝道楽、**に**＝ニュース、**た**＝旅、**て**＝天気、**か**＝家族、**け**＝健康、**し**＝仕事、**い**＝衣料、**しょく**＝食事、**じゅう**＝住居、を話題にすると話が広がるという内容です。

しかし、毎回、ネタを探すのも大変ですし、かといって、いつも天気では飽きられてしまいます。

「毎日すること」には誰もが興味を持つ

一流と言われる人は常に王道です。王道とは、「誰もが絶対に興味があるネタからはじめる」ということ。では、「誰もが絶対に興味があるネタ」とはなんでしょうか？

それは、人間が毎日する、①食べること、②動くこと、③働くこと、④お金を使うこと、⑤寝ること、の5つです。

基本的には①～⑤は毎日行う行為です。毎日やっていることは人間にとって大事なことです。大事なことは誰でも興味があります。**興味があることを話題にすれば、誰とでも話が展開しやすくなります。**例えば、通勤途中で上司に会ったら、①～⑤の王道ネタで、話題を展開していくことが可能です。

①食べること……「最近どの辺りでお昼を食べていますか？」

②動くこと……「最近運動とかされていますか？　私はまったくしていなくて～」

③働くこと……「今、一番時間を使っている業務は何ですか？」

④お金を使うこと……「自己投資とか趣味とかされています？」

⑤寝ること……「〇〇さんは、寝つきがいいほうですか？」

話すネタを用意してマシンガントークのように話す人と、自分に興味があることを話題にしてくれる人では、どちらが話しやすいでしょうか？　雑談は相手との心地よい空間を作ることが目的です。

話す中身よりも、**話しているときの「心地よさ」を作り出すのが一流です。**

雑談の一流を目指すための

Check Point

① 人間が毎日することを話題にすれば、話が広がる

② 雑談は、相手との心地よい空間を作ることが目的

③ 話の中身よりも、話しているときの「心地よさ」を作り出すことが大切

三流の 話題がないとき

どうしよう！
困った〜！
う〜ん、
話すことがない
頭が真っ白…
何から話したら
いいんだ…？

ネタ探しにあたふたする

二流の 話題がないとき

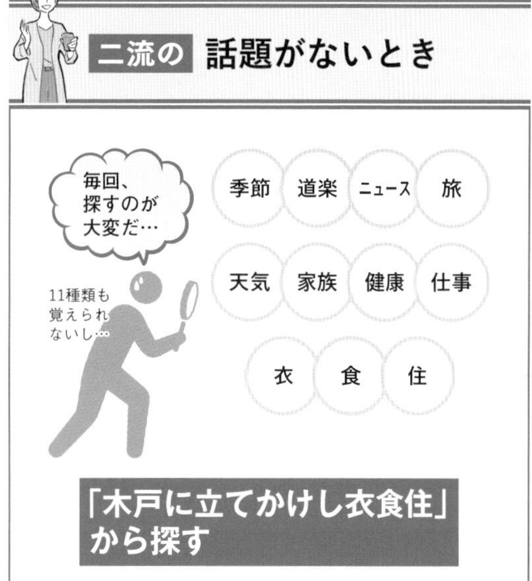

「木戸に立てかけし衣食住」から探す

一流の「話題がないとき」は…

誰でも興味がある「毎日すること」から探す

①食べること
昨日のお昼は
何を食べましたか？

②動くこと
何かスポーツを
していますか？

③働くこと
最近、お仕事が
忙しそうですね

④お金を使うこと
自己投資とか趣味とか
されてますか？

⑤寝ること
寝つきは
いいほうですか？

人間が毎日実施している５つのことをテーマに話す

三流は 事前に何も準備せず、
二流は ちょっとした雑談ネタを準備し、
一流は 何を準備しておく？

人は表情一つで周りを惹きつけられる

あなたの周りには話しかけやすい人、話しかけにくい人、２種類の人が存在しませんか？

その違いをひも解くのに、『マスク』という映画が大変参考になります。主演のジム・キャリーを一躍スターにしたコメディ映画です。

ジム・キャリーがマスクをつけたときの豊かな表情が、劇場に爆笑をもたらしました。**人は表情一つで他人を笑わせたり、元気にすることができるのです。**

一番に目がいくのは相手の「表情」

以前、行きつけのカフェに大人気の女性の店員さんがいました。なぜかお客さんはみんな、その店員さんだけに話しかけます。

不思議に思った私は店員さんを観察しました。すると、その答えが、店員さんの**「一瞬の表情」**にあることがわかりました。

店員さんは、お客さんが入ってくるなり、「またお越しいただけたのですね。とってもうれしいです！」という気持ちを、**言葉を使わずに表情だけで表す**のです。

しかも、お客さんが入ってきて目が合ったその一瞬で。例えるなら、同窓会で20年ぶりに友人と再開したときの、「あ！　久しぶり～！　元気だった～！」のときの表情です。

目がパッと開いて、口角がグッと上がり、「お会いできてうれしい！」という表情を、会った瞬間、ゼロコンマ何秒で作り出すのです。

そんな表情をされたら、その瞬間に大ファンになります。

誰かと会うときに、一番どこを見るか？

それは間違いなく表情でしょう。

人間は表情を見て、一瞬で「この人話しやすそう」「話しにくそう」とジャッジします。いくら話すネタをたくさん持っていたとしても、相手の心を閉ざしてしまっては、会話は続きません。

たくさん経験し、自己研鑽された人は、常に、**「相手がどんな表情を見たいか？」を探求しています。**

表情に意識を研ぎ澄まし、「あなたにお会いできてうれしい！」という気持ちを、表情だけで表せるのが一流の技です。

雑談の一流を目指すための Check Point

① 表情一つで、人を笑わせたり、元気にすることができる

② 誰かと会って一番に見るのは、相手の「表情」

③ 「お会いできてうれしい！」という気持ちを、言葉ではなく、表情だけで表す

三流の 雑談前の準備

いらっしゃいませ
コーヒー
ひとつ
……。

会話は生まれずに終わる

二流の 雑談前の準備

最近、暖かくなってきましたね！
じゃあ
アイスコーヒーにするよ
いらっしゃいませ
こんにちは！
そうだね、
もう暑いよね

ちょっとした雑談ネタを準備

一流の「雑談前の準備」は…
相手が心地よく話せるような「表情」を準備する

会った瞬間に
目がパッと開く
会った瞬間に
口角がグッと上がる
いらっしゃいませ！
こんにちは！
今日のオススメは
いちごのタルトです！
栃木からとても美味しい
いちごが届いて…

「会えてうれしい！」を顔で表現する

テーマ06 名前の覚え方

三流は相手の名前を思い出せず、二流は名前に意味を持たせて覚え、一流はどうやって覚える？

人の名前は、「九九」のように覚える

昔会ったのに名前が思い出せない、顔と名前が一致しない……。相手の名前が思い出せないほど、気まずいことはありません。

人間が記憶する方法に、「意味づけ」というものがあります。

例えば、「松川さん」という方とお会いしたら、「松の木が川のように流れる」みたいに意味を持たせます。しかし、毎回名前に意味を持たせるのは大変です。

そこで、すぐにできて、且つ記憶に残りやすい方法が、「反復」です。名前を繰り返し呼んで覚える、というやり方です。

人間は繰り返すことで記憶を定着させます。例えば、かけ算の九九は、何度も繰り返したおかげで、忘れる人はいないと思います。

では、反復を名前の記憶に応用するとどうなるでしょう？

それは「会話の中で繰り返しその人の名前を呼ぶ」ということです。例えば、

- 「田中さんですね。はじめまして。田中さんは、どちらのご出身ですか？」
- 「今日は、田中さんとお話できてうれしかったです」

このように名前を連呼すると、記憶に残る反復作業になります。

達人レベルになると、お会いしたあとのメールでも、

「田中様、本日はお時間をいただきありがとうございました。田中様とお話ができてとっても楽しかったです。田中様のお話は本当に刺激的で、時間があっという間に過ぎてしまいました……」

ちょっと極端に書きましたが、このように反復して名前を記憶に残していきます。

「すぐに」反復すると記憶が定着する

エビングハウスの忘却曲線はご存知でしょうか？　人は時間が経つにつれ、忘れていく。逆にすぐに反復すると記憶の定着率が飛躍的に伸びるというものです。

会話における「すぐに」とは、まさに会話の最中です。

一流は名前の重さを知っています。名前を忘れられたとき、どれだけ自己否定されたような気持ちになるか、そこを承知しています。

1. 会話の中で、何度も相手の名前を呼んで、覚える
2. 「すぐに」「反復」することで、相手の名前を脳内に刻む
3. 名前を忘れると、相手を不快な気持ちにさせることを忘れてはならない

三流の 名前の覚え方

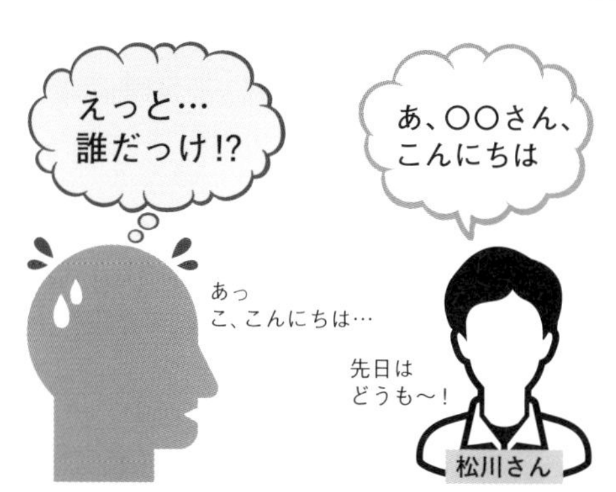
えっと…
誰だっけ!?
あ、○○さん、
こんにちは
あっ
こ、こんにちは…
先日は
どうも〜!
松川さん

相手の名前を思い出せない

二流の 名前の覚え方

松の木が
川のように
流れるから…
松川さん

名前に意味を持たせて覚える

一流の「名前の覚え方」は…
相手の名前を反復して呼んで覚える

会話の中で名前を聞いたら…

田中さんですね。
はじめまして

田中さんは、
どちらのご出身ですか?

田中さんは、どんなお仕事を
されているんですか?

今日は、田中さんとお話し
できてうれしかったです

会った後のメールでも…

To：tanaka@〇〇.co.jp
From：kiryuu@〇〇.com
Tittle：ありがとうございました。

田中様

本日はお時間をいただき、
ありがとうございました。

田中様とお話ができて
とっても楽しかったです。

田中様のお話は本当に刺激的で、
時間があっという間に過ぎてしまいました。

また田中様とお会いしたいです。

その場で何度も口に出すことで、記憶に定着させる

一流から学ぶ必見のトーク術 雑談の流儀・一覧 1

Chapter 1 雑談のはじめ方

一流の最初のひと言

相手に焦点を当てることからはじめる

Chapter 1 雑談のはじめ方

一流のファーストコンタクト

相手に質問をして、先手を取る

Chapter 1 雑談のはじめ方

一流の出会いがしらの挨拶

挨拶に〝ツープラス〟の仕掛けをする

Chapter 1 雑談のはじめ方

一流の話題がないとき

誰でも興味がある「毎日すること」から探す

Chapter 1 雑談のはじめ方

一流の雑談前の準備

相手が心地よく話せるような「表情」を準備する

Chapter 1 雑談のはじめ方

一流の名前の覚え方

相手の名前を反復して呼んで覚える

Chapter 2

話の広げ方

三流は ネタを収集しないから話がすぐ尽き、二流は 情報をチェックしてネタを事前に収集し、一流は ネタをどうしている？

「ネタ連想法」でキーワードは無限大

いざ雑談がはじまっても、ネタが尽きて「何を話そう」と、会話に困ることもあると思います。

事前に雑誌やネットで最新の情報をチェックして雑談ネタをストックしておけば、話せるネタは増えるかもしれません。しかし、用意されたネタを出されても、唐突すぎて相手が違和感を覚えるかもしれませんし、常に情報をストックしておくのも大変です。

そんなときに使えるのが「ネタ連想法」です。例えば、「今気になっていること」をテーマに連想してみましょう。「今気になっていること」と言えば、「話し方」。「話し方」と言えば、「落語家」「政治家」「お笑い芸人」……。

この中から一つピックアップして、「落語家」と言えば、「千原ジュニアさんの落語がおもしろい」「落語家ではないが神田伯山さんの話力はすごすぎる」……。

さらに「千原ジュニアさん」と言えば、「お笑い芸人」「吉本興業」「兄弟」「大喜利」……。

このようにいくらでもキーワードが出てきます。

一つの情報から話を拡散していく

この「○○と言えば」を雑談に応用しましょう。例えばあなたが、「最近ダイエットしててさ〜」と言われたとします。

あなた「ダイエットと言えば、今流行りのダイエットってあるの？」
相手「炭水化物を抜くのが流行っているよ」
あなた「炭水化物と言えば、どんなもの？」
相手「ご飯とかパンとか」
あなた「パンと言えば、小麦だよね。うどんとか麺もそう？」
相手「そうだよ」
あなた「小麦と言えば、結構食べるシチュエーションあるよね？」
相手「そうなんだよ。結構あるから大変で……」

「○○と言えば」を連発しましたが、「一つの情報から話を拡散していくことが可能」ということです。連想していくことで、話のネタは尽きることがありません。

雑談の一流を目指すための Check Point

① 事前の雑談ネタの情報収拾は限界がある

② 一つのキーワードから話を拡散していく

③ 「○○と言えば」を使って連想していけば、話のネタは尽きない

三流の ネタの収集

あっ、
こんにちは
こんにちは
気まずい
沈黙

ネタがないので話ができない

二流の ネタの収集

昨日の
プロ野球、
観ました？
ジャイアンツ
勝ちましたね
野球のこと
知らなくて…
そう
ですか…

用意したネタが合わないことも

一流の「ネタの収集」は…
その場に合わせてネタを拡散させる

ダイエットと言えば、
今流行りの
ダイエットって
あるんですか？

連想

最近、**ダイエット**を
始めたんです

炭水化物と言えば、
どんなものが
あるんですか？

連想

炭水化物を抜くのが
流行っていますね

パンと言えば、
小麦ですよね。
うどんとか麺も？

連想

ご飯とか**パン**とかが
炭水化物ですね

ネタ連想法を使って、無限に会話を作り出す

三流は うまく質問ができずに終わり、
二流は ひたすら質問をし続け、
一流は どのように質問をする？

質問の種類を使い分けてスマートに雑談を進める

ただのおしゃべりさんよりも、自分に興味を持って質問してくれる人のほうが好感が持たれます。雑談には質問が欠かせません。

そうは言っても、「昨日は何されていたんですか？」「お休みの日は何されているんですか？」「仕事は何ですか？」「お住まいはどちらですか？」などと、次々に質問攻めされたら、それはもう尋問になってしまいます。そこで、質問の種類を使い分けて、スマートに雑談を進めます。質問の種類は主に三つです。

◆1：会話を「深める」質問

相手「最近筋トレはじめたんですよね～」

あなた「そうなんですか。健康的でいいですね！　なぜはじめられたんですか？」

相手「実は最近メタボ気味で～」

このように、『なぜ』の質問によって話が奥に深まっていきます。

◆2：会話を「広げる」質問

相手「最近筋トレはじめたんです」

あなた「そうなんですか。体を動かすのはいいことですよね！　他にも何かされているんですか？」

相手「最近はできるだけ階段を使うようにしていて～」

このように、『他に』の質問で話が横に広がっていきます。

◆3：会話を「進める」質問

相手「最近筋トレはじめたんです」

あなた「そうなんですか！　私は全然やってなくて……。それでどんなことをされているんですか？」

相手「腹筋とスクワットを週に3回実施するようになりまして～」

このように、『それで』の質問で話を先に進めていきます。

その場に応じた質問で相手の話を引き出す

よく、「最近彼氏とケンカしたの……」⬇「そうなんだ……。大変だね。それで？」⬇「彼って最悪なの！　この間も～」⬇「それから？」という使い方をします。

変に忠告するよりも、「それで？」「それから？」の質問で、相手が話したいことをどんどん引き出してあげるのです。

その場に応じて、質問を使いこなし、相手が心地よく話せる空間を提供するのが一流の会話術と言えます。

雑談の一流を目指すための Check Point

① 自分に興味を持って質問してくれる人のほうが、好感を持たれる

② 会話を「深める」「広げる」「進める」質問を使い分ける

③ 質問を使いこなして、相手が心地よく話せる空間を提供する

三流の 質問のボキャブラリー

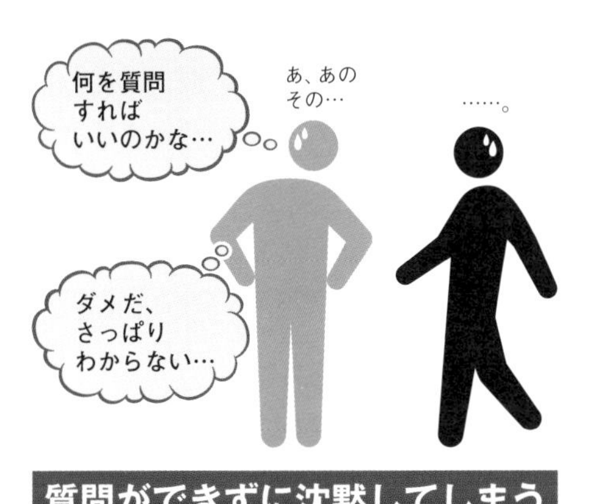

何を質問
すれば
いいのかな…
あ、あの
その…
……。
ダメだ、
さっぱり
わからない…

質問ができずに沈黙してしまう

二流の
質問の
ボキャブラリー
質問
しないと！
昨日は
何をして
ましたか？
休日は
何をして
いますか？
仕事は
何をして
いますか？
お住まいは
どちら
ですか？
そんなに
聞かれても～

ひたすら質問攻めにしてしまう

一流の「質問のボキャブラリー」は…

相手が話したくなるように質問をする

会話を「深める」質問

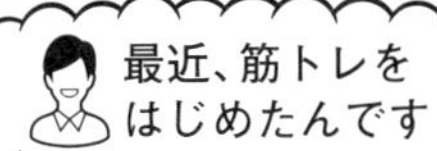

そうなんですか。
健康的でいいですね！

なぜはじめられたんですか？

会話を「広げる」質問

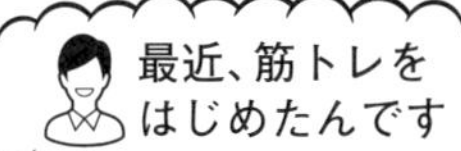

そうなんですか。体を動かすのはいいことですよね！

他にも何かされているんですか？

会話を「進める」質問

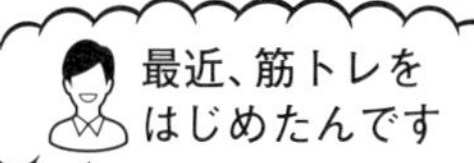

そうなんですか。
私は全然やってなくて…

それでどんなことをされているんですか？

質問のパターンをいくつも持っておく

テーマ09 話が止まったとき

三流は ただひたすら黙りこんでしまい、
二流は 無理やり話題を探してアタフタし、
一流は どうやって切り抜ける？

前の会話から次の展開に話題を広げていく

2、3分会話が続いても、そのあと会話が止まってしまうこと、ありますよね。あの沈黙時間は耐え難いものがあります。皆さんは、沈黙ができたらどうしますか？

無理に話題を探そうとアタフタすると、「必死に話題を探している」「私といても楽しくないんだ」と思わせてしまうかもしれません。

雑談は心地よさが大事。相手を不安にさせてはいけません。

沈黙になりそうなとき、一流が使っているのが「踏襲話法」です。踏襲話法とは、文字通り、前の話を受け継ぐやり方です。話が止まったら、無理に新しい話題を見つけるのではなくて、前の話から自然につなげる方法です。

枕詞は、「そうそう、その話で思い出したけど」「そういえば」「それで言うと」などを使って、前の会話から次の展開に話題を広げます。例えば、

「うちの部署は最近忙しくて～」

⬇「そうなんだ……」（沈黙）

これでは話が終わってしまいます。そこで沈黙になったら、踏襲話法を使っていきます。

「うちの部署は最近忙しくて～」

⬇「そうなんだ……」

⬇「そうそう、うちの部署で言うと、最近若い子増えて教育が結構大変なんだよね～。○○さんのところはどう？」

「そうそう」「○○で言うと」みたいに、前の会話からつなげることで、新たな展開を作り出します。

雑談は話の合理性より心地よく話せるかが重要

前の例は多少文脈に整合性がないかもしれませんが、雑談は話の内容に合理性があることよりも、話しやすい空気があるか、心地よく広がっていくかのほうが重要です。そこが生命線と言っても過言ではありません。

沈黙時に便利な、「そうそう、その話で思い出したけど」「そういえば」「それで言うと」「ということは」などの前の話を踏襲するワードを使って、ぜひ自然に話題をつなげてみてください。

雑談の一流を目指すための Check Point

1. 沈黙になりそうなときは、前の話を受け継ぐ
2. もし話が止まったとしても、無理に新しい話題を見つけなくてもよい
3. 前の話を踏襲するワードで自然に話題をつなげていく

三流の 話が止まったとき

二流の 話が止まったとき

一流の「話が止まったとき」は…
「踏襲話法」を使って話をつなげる

前の話からつなげて、新たな話題を展開する

三流は ほめたら話が終わり、二流は ほめまくって話を膨らまそうとし、一流は どのように話を膨らます？

普通にほめることにさらに要素を加える

ほめることは大切ですが、表面だけやたらとほめられても、薄っぺらい感じがします。また、普段よくほめられるところをほめられても、あまり刺激がなく、会話が止まってしまうこともあります。

しかしここで、もう一つ工夫すると、さらに会話を膨らませることが可能です。

それが「ほめポイント＋ワンポイント」というやり方です。普通にほめることに、もう一つ要素を加えることで、相手から会話を引き出す話法です。

例えば、「○○さん、ジャケットお似合いですね」だと普通です。これに、ほめポイント＋ワンポイントを使うと、「○○さん、ジャケットお似合いですね。ジャケットはいつもオーダーメイドですか？」となります。

いつものほめるポイントにもう一つ要素を加えるということです。すると、「いやいや全然。安モノですよ～」とか「ぜ～んぜん。妻が勝手に選んでいるんですよ」みたいな展開になっていきます。

そうすれば、「奥様も相当センスがいいですね！　一緒に買いに行かれているんですか？」みたいにまた会話が進みます。

相手は自分に興味を持っていると感じる

先日、ある企業の研修後に、担当者から、「桐生さんっていつも明るいですよね。何か秘訣があるんですか？」と聞かれました。

私は、「いや～凹むことばっかりですよ～。自宅にいるときなんかは超根暗ですからね（笑）」と答えました。

すると、「根暗ですか（笑）。まったく見えないですね。根暗に見せないテクニックがあるんですか？」と聞かれ、「ありますよ。それは……」みたいな感じで、気づいたら気持ちよくペラペラしゃべっていました。

この担当者は相当なすご腕だと思います。ただ「明るいですね」ではなく、そこに「何か秘訣があるんですか？」ともう一つ加える。すると相手は、「上辺だけではなくて、本当に興味を持って接してくれている」と感じます。

雑談の一流を目指すための Check Point

① 表面だけほめても、薄っぺらいと思われる

② 普通にほめるだけでなく、もう一つ要素を加えることで、相手から会話を引き出す

③ 「本当に興味を持っている」と相手に感じさせる

三流の 会話が膨らむほめ方

そのジャケット、
お似合いですね
えっと…
お似合いです…
ありがとう
ございます

ひと言ほめただけで終わり

二流の 会話が膨らむほめ方

ジャケット、
お似合い
ですね
なんか
薄っぺらい？
色が
イイ！
素材が
イイ！

表面だけをとにかくほめる

一流の「会話が膨らむほめ方」は…
ほめポイント＋ワンポイントで話を膨らませる

最初に「ほめポイント」＋ 続いて「ワンポイント」＝ 会話が進む！

そのジャケット、
お似合いですね！
ありがとう
ございます

奥様も相当センス
がいいですね！
一緒に買い物、
素敵ですね♪
イヤイヤ（笑）。
まぁ、一緒に買いに
行くのは楽しいですね

気持ちよくしゃべってもらえるように、もう一歩踏み込む

三流は どうしてもほめるところを見つけられず、二流は ほめるところを無理やり探し、一流は 何を見てほめる？

過去よりも成長したことをほめる

「どうしてもほめるところが見つからない……」、そんなときは、過去と比較してみましょう。その瞬間、目の前にほめるポイントが現れます。

例えば、入社、3カ月経過した新卒が、いまだに1件も契約が取れていないとします。しかし3カ月前は一人で営業に行くことすらできなかったわけですから、それと比較すれば一人で営業に行けること自体が伸びしろです。

そんな新卒に声をかけるときは、「入社したてのときは一人で営業に行くこともできなかったのに、今はガンガン一人で営業行ってるんだって？　すごいね」とか、「入社したてのときはまだ顔が学生だったけど、今は面構えが社会人になってきたね」と声をかけるといいでしょう。

ほめるところがない場合でも、過去との比較、つまりBefore⬇Afterを見ることで、ほめるポイントを発見することが可能です。

過去を知らなければ聞き出せばよい

では、過去を知らない人に対してはどうするか？　例えば経営者のコミュニティに参加して、はじめましての人と会った直後は、ほめるポイントが発見できません。

しかし、「以前は何をされていたんですか？」と質問し、「以前は会社員でした」と答えが返ってきたら、「(Before) 会社員⬇(After) 経営者」なわけですから、「え〜、以前は会社員だったのに、今は経営をされているんですか！　すごいチャレンジですね」みたいに、ほめるポイントが出てきます。

私は普段、青系のスーツを着ることが多いのですが、「桐生さん、青似合いますね。昔から青系を着ていたんですか？」と聞かれたことがあります。

「いや〜、以前は黒とかグレーとか暗いものばかりで」と答えると、「そうなんですか！　信じられない。何があったんですか？」みたいに質問していただき、青を着るようになった背景を気持ちよくお話しさせていただきました。

何気ないことでも、Before⬇Afterを比較することで、見えてくる世界があります。

雑談の一流を目指すための Check Point

① ほめるところがない場合でも、過去との比較でほめるポイントを発見できる

② 過去を知らない人に対しても過去のことを質問して比較する

③ Before⬇Afterを比較することで、見えてくる世界がある

三流の ほめるところ

うーん…
ほめる
ところ…
ない…
…かな？
ないですか…
はぁ…

ほめるところを見つけられない

二流の ほめるところ

うーん…
あなたは
姿勢がいい！
姿勢…
いいよね？
いやまぁ
いいですけど

ほめるところを無理やり探す

一流の「ほめるところ」は…
「Before ➡ After」を見てほめる

過去を知っている相手の場合

Before

３カ月前は一人で
営業に行くことすら
できなかった

前は一人で営業に行けなかったのに、
今はガンガン一人で
営業に行ってるんだって？
すごいね！

過去よりも
できていることを
ほめる

過去を知らない相手の場合

Beforeを聞く

え〜！以前は会社員だったのに、
今は経営を
されているんですか！
すごいチャレンジですね！

過去について
質問することで
今と比較できる

過去と現在の比較で、ほめるポイントを発見する

三流は いつも壁を作り、二流は 共通点を探して距離を縮め、一流は どのように距離を縮める？

相違点に着眼して おもしろがって話を聞く

コミュニケーションのセミナーや研修では、「相手との共通点を探しましょう」とよく言われます。

確かに、同じ地元、共通の知人や趣味を持った人とは、話が盛り上がります。しかし、雑談に困るときは、初対面だったり、あまり相手のことを知らなかったり、情報が少なかったりするときではないでしょうか？

そんなときに「相手との共通点を探そう」と思っても、なかなか難しいと思います。

一流はどうするか。「相違点」によって、相手との距離を縮めます。

例えば、あなたがセロリが嫌いだったとして、相手から「セロリが大好きなんです！」と言われたとき。「へ～そうなんですか。私は嫌いです」と言ってしまったら、そこで会話は終わります。しかし、

「え！　セロリが好きなんですね。私はちょっと苦手で……。なんで好きなんですか？」

「へ～そうなんですか～。そんな楽しみ方があるんですね～」

「私もちょっとチャレンジしてみようかな～」

みたいに、「相手はセロリが好き⇔私は嫌い」、この相違点に着眼しておもしろがって話を聞くと、相手も喜んで話してくれます。

共通点を無理に探すより 相違点を探り合うべし

そもそも人間はそれぞれ価値観も違えば、過去の経験も考え方もまったく違います。つまり人間は、共通点より相違点のほうが圧倒的に多いのです。

よく苦手な人に反応してしまう人がいますが、それは、「自分と相手が同じ価値観である」という前提が存在するからだと思います。その価値観が異なるから「イラッ」としたり、腹が立ったりしてだんだんと苦しくなるわけです。

人それぞれ性格や思考、生きてきた環境などが違うのですから、意見が合わなくて当然です。

であれば、共通点を無理に探すより、相違点を探り合ったほうが、話のネタは増えるし、雑談は確実に盛り上がります。

雑談の一流を目指すための Check Point

① 知らない相手とは、自分との相違点に着眼して話を盛り上げる

② 人間はそれぞれ価値観も違えば、過去の経験も考え方も違う

③ 相違点を探り合ったほうが、話のネタが増えて盛り上がる

三流の 距離の縮め方

あの人たちとは
共通点がない
からいいや…
ワイワイ♪
アハハー！

共通点がない人とは話をしない

二流の 距離の縮め方

共通点は
どこだ？
なんか
コワイ…
見つけて
やるぞ…

共通点を探して距離を縮める

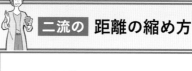

一流の「距離の縮め方」は…
共通点より相違点を探して距離を縮める

相違点＝おもしろい！

私、セロリが大好きなんです！

え！ セロリが好きなんですね

あのシャキシャキした食感が気持ちよくて(笑)

私は苦手で…。なんで好きなんですか？

ラーメンに入れると、一気にアジアっぽくなって美味しいですよ

なるほど～。食感を楽しむんですね

ラーメンのスープは、意外と味噌でも合うのでやってみてください～

そうですか！ ラーメンは大好きなので、ちょっとチャレンジしてみます！

違いをおもしろがることから、会話の突破口を見つける

一流から学ぶ
必見のトーク術

雑談の流儀・一覧 2

Chapter 2
話の広げ方
一流の ネタの収集
その場に合わせてネタを拡散させる

Chapter 2
話の広げ方
一流の 質問のボキャブラリー
相手が話したくなるように質問をする

Chapter 2
話の広げ方
一流の 話が止まったとき
「踏襲話法」を使って話をつなげる

Chapter 2
話の広げ方
一流の 会話が膨らむほめ方
ほめポイント＋ワンポイントで話を膨らませる

Chapter 2
話の広げ方
一流の ほめるところ
「Before→After」を見てほめる

Chapter 2
話の広げ方
一流の 距離の縮め方
共通点より相違点を探して距離を縮める

Chapter 3

聞き方とリアクション

三流は無反応で話を聞いてしまい、二流はウンウンと頷きながら話を聞き、一流はどのように話を聞く？

「反応」の反対とは「無反応」ではない

大ベテランの講師に「反応の反対は何だと思いますか？」と聞かれたことがあります。

私は、「無反応じゃないですか？」と答えました。

しかし、その方は「反応の反対は無視です」と言われました。

無視は「わかっているけど見ていないことにする」という、完全に相手の存在を否定する行為。無視というのは非常に重たい行為なのです。

会社で無視されたら出勤するのがイヤになってしまうかもしれません。いざ会社に行こうとすると、電車に乗れなくなるようなパニック障害になる人もいます。

無視というのは、相手の人生をも狂わす重罪なのです。

「頷き」＋「感嘆詞」で最適なリアクションを

話を聞くときの最適なリアクションは、徹底的に反応してあげることです。そして人の話を聞くときの反応とは、「頷き」です。これは「あなたの話を受け止めていますよ」という合図になります。

一流と言われる人は、頷きにさらにもう一つ、技を足しています。それは……「感嘆詞」です。

感嘆詞とは、簡単に言えば感情を乗せる言葉です。例えば、「へぇ～そうなの」「はぁ～それは驚いた」「ほぉ～それはお見事」のようなフレーズの前にある「へぇ～、はぁ～、ほぉ～」です。

ただ単純に頷くだけではなく、頷きながら感嘆詞を使い、そこに「スゴイ！」「ビックリした！」「感動した！」という気持ちを乗せて伝えるのです。

皆さんご存知の所ジョージさんは、好感度の高いタレントとして知られています。私は所さんの動画を何本も観て研究しました。すると所さんは、「へぇ～、はぁ～、スゴイですね～⤴」を連発していることに気づきました。

そんな反応をされると、相手は無意識レベルで「この人は私の話をちゃんと聞いてくれている」と受け取ります。

一流は、頷きと感情をセットにして、相手の話に反応し、相手の承認欲求を満たしています。

雑談の一流を目指すための Check Point

① 相手の話を聞くときには、徹底的に反応してあげる

② 頷くことで、「あなたを受け止めています」と示すことができる

③ 「頷き」＋「感嘆詞」で自分の感情を伝え、相手の承認欲求を満たしてあげる

三流の リアクション

話を聞いていても無反応

二流の リアクション

頷きながら聞いて、受け止める

一流の「リアクション」は…
頷き＋感嘆詞の“合わせ技”で聞く

「へぇ～、はぁ～、ほぉ～」を使って、感情を表現する

三流は承認することができず、二流は「すごいですね！」を連発し、一流はどのように承認欲求を満たす？

ほめるときは一段上の表現をしてみる

「やってみせ、言って聞かせて、させてみて、ほめてやらねば人は動かじ」

元海軍軍人、連合艦隊司令長官の山本五十六(いそろく)の有名な言葉です。

人はほめられると、「認めてもらえた！」と感じて、自分の存在価値を認識できます。

ただし、いつも同じ言葉でばかりほめていたら、「この人、本当にそう思っているの？」と疑念を持たれてしまいます。

そこで一流は、普段、他人が使わないような、もう一段上の表現で相手を承認します。

例えば、ある経営者との会話。

「若い頃、会社を倒産させたことがありましてね。一時、10億円も借金したことがあるんですが、7年で返済して、今は毎年10億円の利益が出る会社になりました」

皆さんなら、何と返しますか？

普通なら、「すごいですね」と返しそうなものですが、もう一段上の表現をしてみると……？

●『それはすさまじいですね！』
●『しびれますね！』

このように、いろいろな表現ができます。

普段あまり言われたことがないフレーズでほめられると、相手は「あれ、いつもと違う」と無意識レベルで反応します。

承認欲求を満たすには語彙力を鍛えておく

私がよく使うものに、「熱量が桁違いですね」「迫力がありますね」「オーラがありますね」「覚醒していますね」「幸せですね」というものがあります。

一流は間違いなく語彙力のプロです。語彙力とは、簡単に言えば「言い換え力」です。

例えば、「いい声してますね」を、「声に艶(つや)がありますね」「○○さんの声の音色って本当に聞き心地がいいですね」と、「いい声」という表現を「艶」とか「音色」と表現してみる。

一段上の言い換えで表現してみると、相手の反応が変わります。

語彙を増やすには、小説やポエムから言葉を集めたり、講演家の動画を見て素敵なワードを拾ってみることをオススメします。

雑談の一流を目指すための Check Point

① ほめるときは、一段上の表現に言い換えてみる

② 普段使わないような表現でほめられると、相手の反応は変化する

③ 相手が喜びそうな表現を小説や動画などから集めておく

三流の 承認欲求

はぁ、
そうですか
私に興味が
ないんだな…
借金が10億円
あったのですが、
7年で返済
しまして…

他人を承認できない

二流の 承認欲求

本当に
そう思ってる
のかな…
なんだか
嘘っぽい…？
すごい
ですね！
すごい
ですね！
これも
すごい！
それも
すごい！

同じフレーズばかりを言う

一流の「承認欲求」は… 普段使わないような一段上の表現を使う

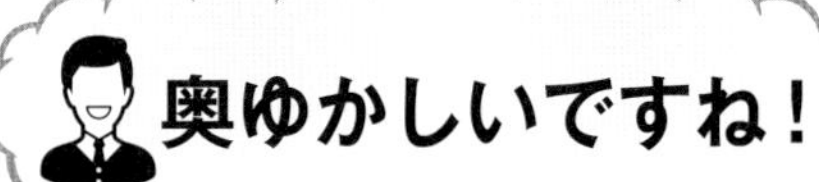

すさまじいですね！

信じられないです！

しびれますね！

一段上の表現

すごいですね！

奥ゆかしいですね！

エレガントですね！

品格がありますね！

一段上の表現

素敵ですね！

相手が喜びそうな表現を普段からストックしておく

テーマ15 ネガティブな話の対処法

三流は受け流して相手との空気を悪くし、二流は同調してネガティブを共有してしまい、一流はどうやって対処する？

ネガティブな話題はどう終わらせる？

雑談と言っても、いつも盛り上がる話ばかりではないですよね。相手からネガティブな話を持ちかけられることもあります。

例えば、

- 「あ〜もうなんで私だけ忙しいのよ〜（怒）」
- 「うちの部長ってあり得ない！」
- 「もう〜本当やる気が出ない！」

など。そんなとき、皆さんならどう答えますか？

「へ〜」と受け流せば、相手との空気は悪くなるでしょう。

「そうなんだ〜大変だね」「わかるその気持ち」「本当にあり得ないね」などと同調するのも悪くはないと思います。しかし、ネガティブを共有し合うと、お互いイヤな空気で会話が終わることもあるので、あまり得策とは言えません。

ベストは、会話の中で少しでも相手がプラスの状態になることです。

それを実現するには、①認められたい、②ほめられたい、③励まされたい、といった「人がプラスの気持ちになれる3大欲求」をトークに交ぜます。

アメフトの試合前、バックヤードで監督が選手を送り出すときに、「お前たちはすごい！　絶対に勝てる！　本当によくやった！」と選手を奮い立たせることがよくあります。

マンガ『ＳＬＡＭ ＤＵＮＫ（スラムダンク）』（井上雄彦／集英社）の安西監督の「君たちは強い」という名言は有名ですが、名将と言われる人は、認めて、ほめて、励まして、モチベートするのがうまいです。

まずは受け止め、そしてほめて、励ます

ネガティブな話題に関しては、まずその話を受け止め、そして、

「でも〇〇さん、その超人的な忙しさ、本当にすごいと思います」

「〇〇さんがそこまでがんばっているんだから、私ももっとがんばらなきゃと思いました」

と、最後に相手を承認し、称賛し、奨励する。

「モチベーションスイッチ」を入れて、マイナスからプラスの状態で会話が終わるように、会話の末尾を意識してみてください。

雑談の一流を目指すための

Check Point

1. ネガティブな話題のときは、同調だけで終わらない
2. まずは話を聞き、受け止めて相手を認め、ほめて、励ます
3. 「モチベーションスイッチ」が入る言葉をかけて、プラスの状態で会話を終わる

三流の ネガティブな話の対処法

はぁ、
そうですか
私だけ
忙しいの！
そんなこと
言われても
なぁ…
ちっとも
スッキリ
しない!!

お互いにマイナスで終わる

二流の ネガティブな話の対処法

本当に
あり得ないね！
うちの部長って
あり得ない！
ウン、ウン

気持ちを共有することはできる

一流の「ネガティブな話の対処法」は…
相手を承認し、称賛し、全力で励ます

いや～でも○○さん、
その超人的な忙しさ、
本当にすごいと思います

それでも毎日
会社に行くんだから、
メンタルがタフですよね

○○さんがそこまで
がんばっているんだから、
私もがんばらないと！

モチベーション
スイッチ
ON!!

①認めて
②ほめて
③励ます
わ～♪
明日から
がんばれそう

会話の中で、相手をプラスの気持ちにさせる

テーマ16 意見が異なったとき

三流は相手の意見に反論し、二流はとりあえず相手の意見に合わせ、一流はどのように対応する？

雑談は意見の正しさより心地よさが大切

相手と意見が異なったときは、どう返答すればいいのでしょう？

議論をするならば反論も必要ですが、雑談は意見が正しいかどうかよりも、「心地よさ」が大切です。

例えば、「今日は寒いですね」と言われたとします。しかし、あなたは暖かいと思っています。このようなとき、どう答えるか？

「いや、暖かくないですか？」と言ってしまうと空気が悪くなります。しかし、「寒いですね」と話を合わせるのも、嘘をついたようで、変な気分になりますよね。

そんなときの対処法として「興味に変える」というやり方があります。

相手に興味を持つと会話が広がる

例えば「寒いですね」と言われたら、「○○さん、寒いの苦手なんですか？」と、興味に変えて質問するのです。以下は私の実話です。

私「今日は結構冷えますね」
相手「桐生さんって、雪国出身じゃなかったでしたっけ？」（興味）
私「そうなんですけど、昔から寒いの苦手で……」
相手「雪国の人はみんな寒さに強いのかと思っていましたが、そうでもないんですね」（興味）
私「そうなんですよ。結構寒いの苦手っていう人、多いですよ」
相手「皆さん、どうやって寒さ対策されてるんですか？」（興味）
私「ヒートテックを2枚は着用ですね（笑）」

このように、興味に変えると会話がドンドン広がっていきます。

反論することもなく、無理に合わせることもなく、相手に興味を持って質問することが、心地よい空間を作るのです。

反論する前に、「なぜこの人はそう思ったのか？」と興味を持つと、そこに考える「間」ができます。

反論するときは、イラッとしていることが多いです。その怒りをコントロールするには、少し冷静になる「間」が必要です。

議論の勝ちにこだわるのではなく、安心して話せる空間を優先させましょう。

雑談の一流を目指すための Check Point

① 雑談は議論の場ではないので、意見の正しさよりも心地よく話せるかが大切

② 相手に興味のベクトルを向けると、会話が膨らんでいく

③ 興味を持つと、考える「間」が生まれ、冷静になれる

三流の 意見が異なったとき

今日は
寒いですね
全然寒くない
ですけど
いや、暖かく
ないですか？

意見に反論して気まずくなる

二流の 意見が異なったとき

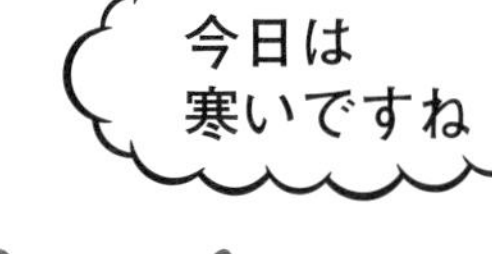
今日は
寒いですね

本当は
寒くない
けど…
そうですね、
寒いですね

嘘をついたような気持ちになる

一流の「意見が異なったとき」は…
興味に変えて、会話をどんどん広げる

今日は寒いですね

寒いのは苦手ですか？
○○さんって、確か
雪国出身でしたよね？
興味

そうなんです、
北海道出身なのに（笑）

北海道って、家の中は
すごく暖かいんですよね？
興味

そうですそうです、
冬でも家の中では半袖ですよ！

外に出るときは、
どうやって寒さ対策を
されているんですか？
興味

ヒートテックを２枚は
必ず着て対策してますね（笑）

ヒートテックを２枚！
それは着たことないなぁ、
着心地はどうなんですか？
興味

意見が違ったときは、少しずらした質問をする

テーマ17 **SNSの対応**

三流はすべてスルー（無視）し、二流はついコメントを被せてしまい、一流はどのように対応する？

SNSもリアルな雑談の場と同じだと捉える

SNSも、コミュニケーションの場として確立されてきました。

SNSの投稿は何気ない会話がほとんどです。従って、SNSも雑談の一種と捉えていいでしょう。

リアルな雑談の場で無視されたらつらいと思いますが、SNSも一緒です。コメントがついたり、反響があるとうれしいものです。

例えば、「先週、沖縄に行ってきました！」という投稿。投稿者の心理とすれば、知ってほしい、見てほしい、承認してほしいといった欲求があるでしょう。

その投稿に対して、「先月、私も行ってきました！」と被せられたらどうでしょう？　投稿者の欲求は満たされるでしょうか？

人は「承認されたい」と思っている

これは私の失敗談ですが、心理学を勉強しはじめた頃、ある人が私に、「最近、能力開発に目覚めして、心理学を勉強しているんです」と話しかけてきました。

私はこれみよがしに、「そうなんですか！　私も今、ユング心理学を勉強してまして。ユングとフロイトは明確に違いますね～」なんて得意げに話を被せたら、その人は去っていってしまいました。

投稿者の心理を考えるなら、「先月私も沖縄に行ってきました！」と被せられるよりも、

- 「ワ～！　楽しそう～！」
- 「エネルギー充電されて、またスゴイ仕事しそうですね！」

と、さりげなく承認してあげたほうがうれしいはずです。

人が一番嫌うのは「無視」です。そして次に嫌うのが「被せ」です。話している最中に話をさえぎられたり、話を乗っ取られたりして気持ちのいい人はいません。

逆に、人は自分に対して良くしてくれた人を無碍（むげ）にできません。**返報性の法則**です。良くしてもらったら、良くしてあげたくなる。

投稿も一緒で、自分を承認してくれた人には、「自分も何かしてあげたい」と潜在意識が働きます。

一流は、リアルな雑談の場面だけではなく、SNSでも、相手との関係性を豊かにする布石を打っているのです。

雑談の一流を目指すための Check Point

1. **SNSもリアルな雑談と同じ。スルーしたり、被せるのではなく、承認欲求を満たしてあげる**
2. **自分に対して良くしてくれたら、同じく相手にも良くしたくなる**
3. **SNSでもさりげなくほめて、良好な関係を築いておく**

三流の SNSの対応

Hanako.
Hanako.
先週、沖縄に
行ってきました！
ふーん…
別に
興味ないや

すべてスルー（無視）してしまう

二流の SNSの対応

Hanako.
Hanako.
先週、沖縄に
行ってきました！
はい！ 私も！
沖縄に行って
きました～！
〇〇ホテルの
プライベート
ビーチが最高で～

ついコメントを被せてしまう

一流の「SNSの対応」は…
投稿者の心理を考え、さりげなく承認する

Megumi.
スゴイ探究心ですね！
今度教えてください！

Hanako.
Hanako.
○○○の勉強会に
参加しました！

Hanako.
ありがとうございます！
今度、お話ししましょう！
Hanako.さんは
勉強家で、
努力もしているん
だろうなぁ
Megumi.さんって
いい人そう！
お会いするのが
楽しみ！
さりげなく承認！
好感度も
アップ!!

投稿心理に基づいたコメントで関係性を築く

一流から学ぶ
必見のトーク術

雑談の流儀・一覧 3

Chapter 3
聞き方とリアクション

一流のリアクション

頷き＋感嘆詞の〝合わせ技〟で聞く

Chapter 3
聞き方とリアクション

一流の承認欲求

普段使わないような一段上の表現を使う

Chapter 3
聞き方とリアクション

一流のネガティブな話の対処法

相手を承認し、称賛し、全力で励ます

Chapter 3
聞き方とリアクション

一流の意見が異なったとき

興味に変えて、会話をどんどん広げる

Chapter 3
聞き方とリアクション

一流のSNSの対応

投稿者の心理を考え、さりげなく承認する

Chapter 4

雑談の盛り上げ方

テーマ18 会話を回すテンポ

三流は ベラベラと一人だけで話し、
二流は 数分話したあとで相手に渡し、
一流は どのくらいで話を渡す？

ダラダラ自分の話ばかりする人は嫌われる

自分が会話しているときの「時間」を計ったことがありますか？ 例えば、「昨日は何してたの？」と聞かれたとき、回答するのにどのくらいの時間を使っているか？

話が長い人だと、3分、5分と、ずっと自分のボールで話しています。ダラダラ自分の話ばかりする人は嫌われますよね。

逆にテンポがいい人は、少し自分の話をして、「○○さんは何してたの？」と相手に返します。

雑談では、30秒くらいで会話を回すのがベストです。

テレビCMは大体15秒か30秒で構成されています。なぜなら人間は興味がないことに関して、30秒くらい経過すると急激に集中力が落ちるからです。

自分が30秒話したら相手に話を向ける

我々は企業で営業研修を実施する機会があります。電話でアポイントを取るのがうまい営業マンは、

「○○電話会社の代理店をしている□□と申します。現在、月額2000円安くなるプランを紹介させていただいているのですが、御社では△△回線を使用されてますか？」

と、30秒経過したあたりで相手に質問します。相手にボールを渡さないと切られてしまうからです。

これを雑談に活かすと、次のようになります。

「○○さん、最近ゴルフはじめたんですか？ 私もはじめたんですよ。先週は千葉の△△カントリーに行ってきまして、まだ下手なんでスコアは□□でした。○○さんは普段どこに行かれるんですか？」

「昨日、今年興行収入1位の□□（映画）を観に行ったんですよ。すごい行列で4時間も待ったんですけど、待った甲斐があってとてもおもしろかったです。会場のほとんどが感動で大泣きしてましたよ。○○さんはもう観ました？」

30秒話したら相手に話を渡す。こうすることで、会話にテンポが生まれ、相手も飽きることなく会話を続けることができます。

雑談の一流を目指すための Check Point

1. 雑談では、30秒くらいで会話を回すのがベスト
2. 人間は興味がないことには、30秒くらいで集中力が落ちる
3. 自分が30秒話したあと、相手に質問をすることで会話にテンポが生まれる

三流の 会話を回すテンポ

一人でずっとダラダラ話す

二流の 会話を回すテンポ

私は昨日の日曜、午後はテレビを見てダラダラ過ごしたんですよ。サッカーをずっと見てました。見終わってから、ネットをやりましたよ。それから夕食にカレーライスを作ろうと思って……

○○さんは
昨日何をしてました？

数分話してから相手にふる

一流の「会話を回すテンポ」は…
少し自分の話をして15秒～30秒で渡す

○○さん、最近ゴルフはじめたんですか？　私もゴルフはじめたんですよ。先週は千葉の△△カントリーに行ってきまして…

○○さんは普段どこに
行かれるんですか？

相手に渡す！

あ、はい！

私は伊豆
ですね！

ゴルフの後に
ご当地グルメを
食べるのも
楽しみで～

昨日、今年興行収入１位の○○を観に行ったんですよ。すごい行列で４時間も待ったんですけど、待った甲斐があって…

○○さんは
もう観ました？

相手に渡す！

あ、はい！

私も昨日
観ました！

あのシーン、
感動でした～♪
私も思いっきり
泣いちゃって～

相手が話すタイミングを適度に与える

三流は ダラダラ話して意味を伝えられず、
二流は とにかく細かく完璧に伝えようとし、
一流は どうやって説明する？

わかりやすく話すには 絵で伝えるとよい

雑談においても「わかりやすい話」は大切です。「この人何の話をしているの？」「話の意味がわからない」と感じさせてしまったら、話は続きませんよね。

わかりやすい話をするにはどうしたらいいかというと、それは絵で伝えることです。人間は文字で認識するより、絵で認識するほうが圧倒的に速いからです。

会話でも、まるで相手に1枚の絵を見せるがごとく、一発で伝わる話法があります。

それが「たとえ話」です。例えば、「あなたの家族ってどんな家族ですか？」と聞かれたとします。

「うちの家族は、おじいちゃんとおばあちゃんがいて、父と母と、兄弟は三人、あと姉の家族も一緒に住んでいて、とても賑やかです」

と伝えるよりも、

「うちの家族は、まるでサザエさんですね」

と伝えたほうが、サザエさん一家のような賑やかさが伝わって、一発でイメージできます。

似ているものを連想して たとえ話を作る

たとえ話の作り方は、意外と簡単です。「似ているものを連想する」だけです。

「うちの上司はいつも威張っていて、わがままで、人の話を聞かないんです」

⬇「うちの上司は、まるでジャイアンです」

「会社の近くに、煮物とみそ汁が美味しくて、素朴な感じなんだけど健康的でいい感じの定食屋さんがあるから、今度行ってみない？」

⬇「ザ・おふくろの味みたいな定食屋さんがあるんだけど、今度行ってみない？」

といった感じで、似ているものを思い浮かべて伝えると相手の頭の中に絵が浮かびます。

たとえ話は、名スピーカーと言われる人ほど徹底的に研究しているテーマです。ぜひ一度、「この人話うまいな～」と感じる人がいたら、会話にたとえ話が何個入っているか意識してみてください。

雑談の一流を目指すための Check Point

① 人間は文字で認識するより、絵で認識するほうが圧倒的に速くてわかりやすい

② 「たとえ話」をすれば一発で話が伝わる

③ 似ているものを伝えると、相手の頭の中に絵が浮かぶ

三流の 説明をするとき

うちの上司は
なんか嫌で…
とにかく
気になって…
???
???

曖昧な言葉なので伝わらない

二流の 説明をするとき

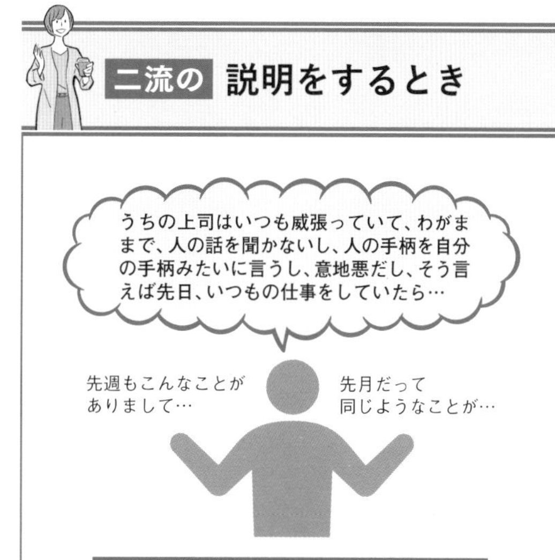

うちの上司はいつも威張っていて、わがままで、人の話を聞かないし、人の手柄を自分の手柄みたいに言うし、意地悪だし、そう言えば先日、いつもの仕事をしていたら…
先週もこんなことが
ありまして…
先月だって
同じようなことが…

なんでも説明しようとする

一流の「説明をするとき」は…

“たとえ話”を組み込んで一発で伝える

うちの上司は、
まるでジャイアンです
え～！
ジャイアン！
コラー！
何やってる
んだー！
一発で
伝わる！

文字をイメージに変えて伝える

テーマ20 惹きつける方法

三流は何も考えずに話し、二流はおもしろトークで惹きつけようとし、一流はどのように惹きつける？

擬声語、擬音語、擬態語は話にインパクトを与える

飲み会、お茶会、友人とのたわいのない会話、会社の休憩室など、複数で行う雑談の場は意外と存在します。

複数人いると、いろいろ話が飛び交うため、話にインパクトを持たせるのは至難の業です。毎回人を惹きつけるようなおもしろトークができれば別ですが、それはなかなか大変です。

そんなとき、有効なのが「オノマトペ」。オノマトペとは、擬声語、擬音語、擬態語の総称です。

「擬声語」とは、人間や動物の声を表すもので、「おぎゃー」「げらげら」「にゃんにゃん」「わんわん」といった語です。

「擬音語」とは、自然界の音や物音を表すもので、「キラキラ」「ザパーン」「バタン」「ガチャン」といった語です。

「擬態語」とは、状態を表すもので、「つるつる」「さらさら」「ごちゃごちゃ」「どんよりーん」といった語です。

「オノマトペ」は自由な発想でOK！

オノマトペを使うと、話にとてもインパクトが出ます。例えば、

「この間、○○という映画を観て、とても胸を打たれた」

⬇「この間、○○という映画を観て、ズキューンと胸を打たれた」

「この間、札幌に行ったんだけど、とても寒くて体が冷えた」

⬇「この間札幌に行ったんだけど、寒くて体がキンキンに冷えた」

どちらも後者のほうが、「胸を打たれた」「冷えた」の様子がリアルに伝わってきます。

その他にも、「ガンガン鳴り響いた」「ビヨ～ンって伸びた」「サ～っと波が引いた」と言ったほうがイメージが湧いてきます。

当社では毎月約170本のコミュニケーションセミナーを開催していますが、セミナータイトルには、「グングンよくなる」「モヤっとした話がスッキリ」などのオノマトペを有効に使っています。

ぜひ自由な発想で、オノマトペのボキャブラリーを増やしてみてください。

雑談の一流を目指すための Check Point

① 複数人いる雑談だと、自分の話で相手を惹きつけるのはなかなか難しい

② 「オノマトペ」を使って話すと、話にインパクトが出る

③ 自由な発想で、「オノマトペ」のボキャブラリーを増やそう

三流の 惹きつける方法

○○の映画が
おもしろ
かったです
えっと…
おもしろ
かったです…
あ、メールだ
仕事に
戻りまーす

何も考えずに話し、注目されない

二流の 惹きつける方法

○○の映画が
もうおもしろ
すぎてさ…
笑いすぎて
アゴが外れ
ちゃった♪
ふーん…
外れない
でしょ

無理やりおもしろく話そうする

一流の「惹きつける方法」は…
話にインパクトが出る「オノマトペ」を使う

擬声語

赤ちゃんが
おぎゃーって
泣きながら生まれて…
とっても
かわいかった
です♪

擬音語

開いていたドアが
急にバタン！って
閉まったんです…
その後に…
なんと…

擬態語

このシャツ、見た目は
普通なんですけど、
生地がさらさらで…
着心地が
バツグン
なんです♪

擬声語・擬音語・擬態語を使って、話にインパクトを出す

三流は一人称でたんたんと説明し、二流は一人称に加えて情景を文字で説明し、一流はどのように説明する？

落語の話法を使えば映像を同時配信できる

雑談の場は1対1とは限りません。複数人で集まって話すケースも多々あります。

複数人いると、一斉に話を届けていかなければいけないので、結構大変です。大型スクリーンに話を映し出すような「描写力」が大事になってきます。

描写のプロと言えば、落語家です。落語家の話は、話している場面が、目の前で実際に起こっているかのごとく展開されるので、わかりやすく、おもしろいのです。

落語家は常に一人で話していますが、「おい、おとっちゃん」「なんだい平八」みたいな形で、必ず複数の人が登場します。

そして、どんな場所で話しているのか、歩いているのか、走っているのか、食べているのかをうまく描写します。

たとえ聞き手が何人であっても、同じ映像を同時配信することができるので、全員に同じ話を伝えることが可能です。

描写力が身につけば複数人にも話が伝わる

では、これを普段の会話に転換するとどうなるか。例えば、

「先日、お寿司屋さんで、板前さんにオススメを聞いたらヒラメって言われたのね。それでヒラメを頼んだんだけど、奥から大将が出てきてヒラメには梅をのせたほうがいいって言うからやってみたら、これが超うまかったんだ」

だと一人称です。これを次のようにします。

「先日、お寿司屋さんでオススメ聞いたの。そしたら板前さんが、『ヒラメです（板前さんが言っているかのように）』って言うから、ヒラメを頼んだのね。そしたら奥から大将が出てきて、『ヒラメには梅をのせたほうがいい（大将がまさに言っているかのように）』って言うからやってみたら、これが超うまかったんだ」

話しているのは自分一人ですが、会話の中に、自分、板前、大将と三人登場してきます。

聴衆に向かって話すときは、一人で何役もして、映像にして見せると圧倒的にわかりやすいです。

描写力が身につけば、複数人にも一発で話が伝わるようになります。

雑談の一流を目指すための Check Point

① 落語家の話がわかりやすいのは、目の前で実際に起こっているように展開されるから

② 同じ映像を同時配信できれば、複数人に話を伝えられる

③ 聴衆に向かって話すときは、一人で何役もして映像で見せる

三流の 複数人に伝える方法

お寿司屋さんで
オススメを聞いたら、
ヒラメって言われたんだけど、
大将が梅をのせろって…

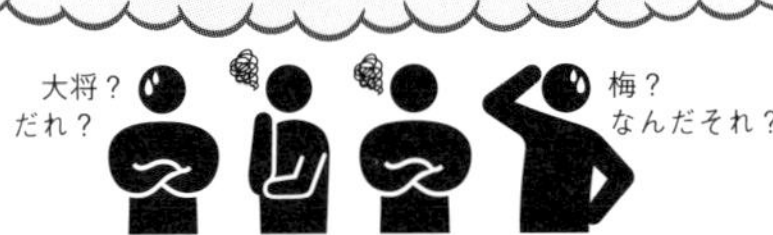

一人称でたんたんと説明

二流の 複数人に伝える方法

先日、お寿司屋さんで、板前さんにオススメを
聞いたらヒラメって言われたのね。

それでヒラメを頼んだんだけど、
奥から大将が出てきてヒラメには
梅をのせたほうがいいって言うから
やってみたら、これが超うまかったんだ。

うーん、
イマイチ
わからない

ヒラメに
梅はわかった
けど…

情景も入れるが、文字だけ

一流の「複数人に伝える方法」は…
一人で何役もして会話を描写して説明する

先日、お寿司屋さんでオススメを聞いたの。そしたら板前さんが、

板前さん
登場！

今日はいいヒラメが
ありますよ！

って
言うから、

ヒラメを頼んだのね。そしたら奥から大将が出てきて、

大将
登場！

ヒラメには
梅をのせたほうがいい

って
言うから、

やってみたら、これが超うまかったんだ！

会話を通じて、登場人物を出現させる

三流は自分だけで一方的に話し続け、二流はなんとか話をおもしろくしようとし、一流は何をして楽しませる？

自分の話をするときも相手に話を振るように

相手の話を聞くだけではなく、自分の話をしたいときもありますよね。しかし、話したいことを一方的にしゃべり続けると、相手が退屈してしまいます。話をおもしろくしようと仕込んでおいた鉄板トークを展開しても、引かれてしまうかもしれません。

一流は、自分の話をするときも、まるで相手と会話をしているかのような質問テクニックを使います。

例えば、こんな感じです。

「昨日、中華料理屋で小籠包を頼んだら、出てくるのに30分もかかったんです。どう思います？ 中華料理ってスピード命って感じじゃないですか。遅すぎると思いません？ でも、出てきた小籠包が腰抜かすくらい美味しかったんです！ 腰抜かすくらいうまい小籠包に出会ったことあります？ ないですよね？ 私ははじめてでした。中の肉汁がほんのり甘くてジューシーで、あれなら何個でも食べられますよ」

相手に直接答えてもらう質問ではないのですが、「どう思います？」「こんなことあります？」みたいに、相手に話を振っているような表現をします。

「一人質問」を挟めば相手も話に飽きない

これは名スピーカー、講演家がよくやる「一人質問」というテクニックです。彼らは、大体一人で200人、300人の聴衆に向けて話をしますが、一方的に話をしていたら聴衆は飽きます。

そこで、「皆さん、どう思いますか？」「こんなことが実現できたらどうでしょうか？」「試してみたいと思いませんか？」といった、一人質問を間に挟みます。

この質問に直接答えてほしいわけではありません。こうすることで相手にボールを振り、まるで一人と200人、300人がコミュニケーションを取っているかのような演出ができるのです。

「一人質問」を挟んで相手と会話をしているかのように話を進めると、相手も飽きることなくあなたの話を聞けるようになります。

雑談の一流を目指すための Check Point

1. 自分が話したいことを一方的にしゃべり続けると相手が退屈する
2. 自分の話に「一人質問」を挟むと、コミュニケーションを取っているような演出ができる
3. 「一人質問」をすれば、相手も飽きずに話を聞ける

三流の 自分の話をするとき

自分だけでずっと話し続ける

二流の 自分の話をするとき

昨日、中華料理屋で小籠包を頼んだら、出てくるのに30分もかかって、「お前の店はのろまな亀がやってんのかよ」って思ったよ
アレ!? スベッた…
うわ… ひどい 言い方…

おもしろくしようするが失敗

一流の「自分の話をするとき」は…

相手に話を振っているように一人質問をする

昨日、中華料理屋で小籠包を頼んだら、30分もかかったんですよ～
一人質問
どう思います？ 遅すぎると 思いません？

え～！ それは遅いですねぇ

わ～、どんな小籠包なのかな？
食べて みたい！

相手と会話をしているかのように、自分の話をする

三流はいつまでも空気が読めず、二流は周りの空気に合わせようとし、一流はどのように行動する？

「空気が読める」とは心の絵文字が読めること

以前、「ＫＹ（空気が読めない）」という言葉が流行りました。

では、「空気が読める」とはいったいどういうことでしょうか？

私は、空気が読めるとは、「心の絵文字が読めること」と定義しています。

心の絵文字とは、楽しい😊、普通😑、悲しい😵、という心の状態がわかることです。今相手やその場が、「楽しい」「普通」「悲しい」のどの状態にあるのか、この三つくらいなら把握できると思いませんか？

雑談のときに、相手の雰囲気が😑なら、その話に興味がないのかもしれません。

😑が続いたら、「ところで〇〇さんは……」とテーマを切り替えるといいでしょう。

もし😵な雰囲気だったら、一方的に話してしまっていたり、自慢話ばかりになっているのかもしれません。そんなときは、「一方的に話してごめんね。〇〇さん真剣に話を聞いてくれるので思わず話しすぎました」と言いながら、何か違う話題を相手に振るといいでしょう。

その場の空気を読んで行動を起こす

場の空気を😊な状態にするために、簡単な方法があります。それは「あなたが笑う」ことです。感情は伝染します。

いまいち売上が上がっていない会社に行くと、その職場の空気がドヨ～ンとしていることがあります。逆に、繁盛している飲食店に入ると、入った瞬間から活気があって、店員さんがみんな笑顔で、なんだか自分まで楽しくなってくるものです。

飲み会で空気がドヨ～ンとしていたら、あなたが率先して笑えばいいのです。特におもしろいことを言う必要はありません。笑顔で話を聞いたり、誰かに質問したり、笑いながらお皿に取り分けたり、ガッハッハと爆笑したり。その感情は確実に伝染していきます。

場が暗ければ明るく、誰かが悲しんでいれば自分も一緒に悲しむ。一流は、空気を読んで、そして行動を起こします。

雑談の一流を目指すための Check Point

1. 空気を読むとは、「心の絵文字を読む」こと
2. 相手やその場が、「楽しい」「普通」「悲しい」のどの状態かくらいは把握できる
3. 空気がドヨ～ンとしていたら、率先して笑う

三流の 空気の読み方

せっかく楽しい空気だったのに…
ハァ…
あ、
どうも

いつまでも空気が読めない

二流の 空気の読み方

普通にして

周りの空気に合わせようとする

一流の「空気の読み方」は…
その場の状況次第で空気を“変える”

が続いたら…

この話には

しれないな…

テーマを
切り替える

な雰囲気だったら…

何か違う話題を
相手に振る

空気を にするには…

ちょっと場が

明るくしたい！

自分から笑えば、
感情は伝染する

空気を読んで、アクションを起こす

一流から学ぶ
必見のトーク術

雑談の流儀・一覧 4

Chapter 4
雑談の盛り上げ方
一流の 会話を回すテンポ
少し自分の話をして15秒～30秒で渡す

Chapter 4
雑談の盛り上げ方
一流の 説明をするとき
〝たとえ話〟を組み込んで一発で伝える

Chapter 4
雑談の盛り上げ方
一流の 惹きつける方法
話にインパクトが出る「オノマトペ」を使う

Chapter 4
雑談の盛り上げ方
一流の 複数人に伝える方法
一人で何役もして会話を描写して説明する

Chapter 4
雑談の盛り上げ方
一流の 自分の話をするとき
相手に話を振っているように一人質問をする

Chapter 4
雑談の盛り上げ方
一流の 空気の読み方
その場の状況次第で空気を〝変える〟

Chapter 5

相手の懐に入る方法

三流は 相手に背を向けて話してしまい、
二流は 相手に視線を向けて話し、
一流は 何を向けて話す？

重要な部分を見せて安心安全を伝える

会話をするときは、相手にどこを向けるといいのでしょうか？

例えば、そっぽを向いて話していたら、相手は話しにくいと思います。視線は向けているけれど、体が横を向いているときも、やはり相手は話しにくいはずです。ぞんざいに扱われている感じを受けます。

雑談はその場の空気が大事です。つまり安心して話せる空気です。

そこで、一流はどこを向けて話をしているか？

それは……「腹」です。昔から、腹を見せる、腹を割って話す、腹黒い、など腹にちなんだ言葉がたくさんあります。腹は人間にとって極めて重要な部分です。

お腹には腸があります。腸は栄養素の吸収、いらないものを排泄する役割があります。

丹田もあります。丹田とは人間の気が一番溜まるところです。

このようにお腹には重要な部分がたくさん詰まっています。

その**超重要な部分を相手に向けて話すと、相手は間違いなく安心します。**「敵意はありませんよ」という合図になるからです。

これが安全で安心できる空間を作ります。

どんなときも、話し手に「腹」を向ける

人間の欲求を説いた、アブラハム・マズローの「欲求5段階説」は有名です。

人間にとって一番大事な欲求は食欲、性欲、睡眠欲などの生理的欲求。

そして二番目に大事なのが安心して暮らしたい、危険な目に遭いたくない、不安を避けたいといった安全欲求だそうです。

そしてマズローによれば、**生理的欲求と同じくらい、安全欲求は強いものだとされています。**

雑談するときは、まずは相手に腹を向けること。

横並びになったときも、少しだけ相手に腹を向けてみてください。グッと印象が変わります。4人テーブルで雑談しているときは、話している人に少しだけ腹を向ける。

視線ももちろん大事ですが、**最も重要なのは腹です。**

雑談の一流を目指すための

1. 自分の重要な「腹」を向けて、相手に敵意がないことを示す
2. 視線を向けることも大事だが、「腹」を向けることがより重要
3. 人間は安全欲求が強いので、心地よく雑談するために、安全で安心できる空間を作る

三流の 会話をするときの姿勢

あぁ、
それは…
○○さん、
このデータ
ですが…
こっちを
見もしないで
失礼じゃない!?

相手を不快にさせてしまう

二流の 会話をするときの姿勢

あぁ、
それは…
○○さん、
このデータ
ですが…
なんだか
忙しそう？
話しかけて
悪かったかな…
クルッ

話しづらいと思われてしまう

一流の「会話をするときの姿勢」は…

安心できるように、相手に腹を向ける

この前の本、すごく
おもしろいですね！
また何か
いい本があれば
教えてください！
あ、それは
よかったです！
この人と
話をしていると、
いつも
安心するなぁ

- 相手にきちんと腹を向けて話す
- 横並びで話している場合でも、体をやや相手側にひねり、少しだけでも腹を向ける

相手に安心できる空間を提供する

テーマ25 ボディーランゲージ

三流は無動作でただ話し、二流は大げさな動きをしながら話し、一流は何をしながら話す？

ボディーランゲージは重要な意思伝達手段

日常のコミュニケーションでは、言語だけではなく、ボディーランゲージで表現することが多々あります。

例えば「あれ取って」と言うときに指をさします。別れ際に手を振ることも、話を聞いているときに頷くのもそうです。

このように私たちは、**無意識に多くのボディーランゲージを使って、伝えたいことを表現している**のです。

雑談でも、無意識のうちにボディーランゲージを使っています。

とはいえ、やけにボディーランゲージで表現してくる人は、ちょっと引いてしまいますよね。オーバーアクションというか。

「昨日、足元が気になって、よく見たら左右違う色の靴下を履いててさ」、なんて話に、「お〜!! それは超おもしろいですね！」「すごい！　奇跡だ！」なんて大げさに反応されても、困ってしまいますよね。

ボディーランゲージのポイントは「手」

一流は、「最適なボディーランゲージ」を使いこなします。

最適なボディーランゲージとは、相手が話しやすいボディーランゲージです。**ポイントは手です。**

握手の由来は諸説ありますが、「手に武器を持っていないことを証明することからはじまった」と言われています。親和の証です。

手には人間の心理が表れます。

雑談しているときも、「安心してお話ししてください」「あなたに危害を加えるつもりはありません」と示すために、手を上手に使うのです。こうすることで、相手が話しやすい空間を作ることが可能です。

具体的には、手をオープンに広げることです。**手の平を見せると、握手と同じように「武器を持っていませんよ」と相手に安全を届けることが可能です。**

よく名スピーカーが聴衆に向けて手を広げるのも、オープンに話していますというサインです。

「なんだか話しやすい」と感じる相手の手の動きを、ぜひ注視してみてください。一流は、**些細なボディーランゲージにもこだわって快適な空間を創造しています。**

雑談の一流を目指すための

Check Point

① ボディーランゲージは、意思伝達の重要な手段

② 最適なボディーランゲージとは、相手が話しやすいボディーランゲージのこと

③ 手を上手に使って、相手に安心安全な空間だと伝える

三流の ボディーランゲージ

無動作で、相手に伝わりづらい

二流の ボディーランゲージ

大げさで、相手に引かれる

一流の「ボディーランゲージ」は…
“手の動き”で相手の心を開く

手を使って、安心安全な空間を作り出す

テーマ26 自己開示

三流は まったく開示できず、二流は 自分のことだけを100％開示し、一流は どのように開示する？

ありのままを見せて相手の警戒心を解く

「自己開示の法則」という言葉を聞いたことがありますか？

自分のいいところも、悪いところも、ありのままにさらけ出すと、相手が警戒心を解き、自分のことを信頼してもらいやすくなるというものです。

「俺ってスゴイでしょ！」といつも自慢してくる人よりも、「俺ってこんなダメなところがあってさぁ～」と、素直にマイナス面もさらけ出してくれる人のほうが安心します。

そして、自己開示には返報性があります。例えば、

「私、学生の頃は赤点しか取ったことがなくて、頭が超悪かったんです」

と先に言えば、相手は、

「実は私も、ぜんぜん勉強しなくて……」

と言いやすくなります。

このように、自己開示のプロは、相手を自己開示させるプロでもあります。

先に自己開示して相手との距離感を計る

雑談に話を置き換えます。

まったく自己開示しない人とは話しにくいと思います。逆に常に100％開示されても、自分のことばかり話すおしゃべりさんと思われる可能性もあります。

雑談は相手と作り出すハーモニーが大切です。ですから「お互いに開示し合う」ことがベストです。

具体的には、こちらが一つ開示して、相手にも一つ開示してもらう。さらにもう少し自己開示して、相手にも開示してもらう。少しずつ手札を見せ合うような感覚で楽しみながらやってみてください。

常に相手との距離を感じ取り、相手が開示しやすい状況を作ってあげましょう。

相手が自己開示したくないこともあります。逆に自ら開示したいこともあります。何が正解か？

それは会話の中で感じ取っていくしかありません。

一流は感受性が豊かです。相手との距離感を察するのが上手です。自己開示が進めば、距離が近づいている証拠です。

まずは先に自己開示して、相手の様子を観察していきましょう。

雑談の一流を目指すための

① 自己開示して自分をさらけ出すと、相手が警戒心を解き、信頼してくれるようになる

② 自分が自己開示をすれば、相手も自己開示をしやすくなる

③ 少しずつ自己開示をしあい、お互いの距離を縮める

三流の 自己開示

そうですか、
私は別に…
学生の頃は
赤点ばかり
で…(笑)
○○さんは
どう
でしたか？

まったく開示しない

二流の 自己開示

私は
野球が好き
なんですが…

私の出身校が
昨年、甲子園に
出場して…

職場の
野球大会では
三塁打を…

どれだけ
自分好き
なの…？
へ～
そうですか

自分のことだけを開示して話す

一流の「自己開示」は…
相手と楽しみながら少しずつ自己開示する

私、学生の頃は赤点ばかりで
頭が超悪かったんですよ(笑)

あ、実は私もです！
ぜんぜん勉強しなくて…(笑)

私は、化学が
ダメでしたね～(笑)

私は、特に数学が
ひどくて～(笑)

私は、サッカー部でした。
でも…いつも補欠でした(笑)

私、部活は野球部でしたが
これまたヘタで…(笑)

先に自分が
一つ開示することで…

相手にも
一つ開示してもらう！

自己開示と他者開示が交互にできるような雰囲気を作る

三流は好かれようとせず、二流は「仕事ができますよアピール」をし、一流はどのように接する？

成功者は、年配の方にかわいがられている

皆さんの周りにも、愛されキャラはいませんか？

私はこれまで多くの若手経営者とお会いしてきましたが、末永く成功している人は、間違いなく年配の方に愛されています。

いつも一人で奮闘している人は、どうしても天井がやってきます。一人で実現できるレベルが決まっているからです。それよりも、「何だか助けたくなる」と思われる人は、年配の方からかわいがられ、助けられ、他力をお借りして永続的に成功していきます。

では、年配の方にかわいがられるのは、どんなタイプでしょう？

Ⓐいつもバリバリ仕事して完璧で隙のない人

Ⓑバリバリ仕事はするけれど、ときどき抜けていていじられる人

年配の方にうけるのは間違いなくⒷのタイプです。

ちゃんと仕事をしているのは当然として、どこか抜けている、ツッコみどころがある、「バリバリ仕事をしているうっかり八兵衛」みたいな方が愛されます。

つまり、あえて隙を見せるということです。

マイナス面も見せて相手に安心を与える

例えば、お笑いの世界でも、出川哲朗さんや上島竜兵さんはずっとテレビで活躍されています。

MCからすると、出川さんや上島さんがいると、スベっても、変な空気になっても、すべて引き受けてくれるから安心するそうです。

コミュニケーションにおいて「安心」は基本中の基本です。

普段バリバリ仕事をしている若手経営者が、年配の経営者に、「相談なんですが、僕、めちゃめちゃ友達が少ないんです」などと、マイナス面をカミングアウトします。すると年配の方は、「そうか～。じゃあ、○○さんを紹介してあげよう」みたいな話になってきます。

一流はそれがわかっています。

だから、あえて弱みを見せる、いじられる。年配の方の親父ギャグに本気でツッコむ。スベったら、その変な空気すら引き受ける。すると「お前がいると安心する」と言われ、かわいがられるのです。

雑談の一流を目指すための

Check Point

① 孤軍奮闘するよりも、助けられ、かわいがられる人が永続的に成功できる

② コミュニケーションでは、「安心」を与えられることが大切

③ 「完璧」よりも、あえて「隙」を見せるほうが愛される

三流の 年配との接し方

忙しい！
忙しい！
○○くんは
いつも忙しそうだ
うーん…
声をかけづらい…

「声をかけにくい」と思われる

二流の 年配との接し方

私、仕事が
できるんです！
売上高は
１億円で…
新店舗も
オープン
しました
我々の手助けは
いらないね
こりゃあ余計な
お世話かな

「助けはいらない」と思われる

一流の「年配との接し方」は…
“うっかり八兵衛”のような隙をあえて見せる

ちゃんと仕事を
していているのは
当然として…

僕、めちゃめちゃ
友達が少なくて…
あの～実は
ご相談が
ありまして～
ちょっと
聞いていただけ
ますか？

そうか～、じゃあ
○○さんを
紹介してやろう！
なんだなんだ、もう
しょうがないなぁ（笑）

仕事もできるが、少しヌケている自分を見せる

テーマ28 年配との雑談

三流は 委縮して何も話せず、
二流は とにかく持ち上げたりほめたりし、
一流は どのように雑談する？

人間は自分の経験を継承したい生き物

年齢が10歳、20歳離れている人とお話しするとき、話題に困ることはありませんか？

世代も違うし、知識も経験も異なるので、何を話したらいいのかわからず、困ってしまいます。

では、目上の人とはどのように話をすればいいのか？

それは、教えを乞うようにすることです。

人間は、目上の人が目下の人を指導するようにできています。

例えば、会社の先輩が後輩にお茶の淹れ方を指導する、小学校の高学年が低学年の面倒を見る……。

江戸時代には全国に6万カ所も寺子屋があったと言われていますが、ほぼボランティアのような形で、先生が塾生に読み書き算盤(そろばん)を教えたと言います。

読み書き算盤を教えても、先生が儲かるわけではありません。しかし、金銭が発生しなくても、人間が子孫を残そうとするのと同じように、上の人が下の人に経験を継承することがDNAレベルで組み込まれているのです。

教えを乞う気持ちを大切にする

「人間は継承したがっている」、つまり教えたがっているということを理解すると、年配の方との会話のポイントが見えてきます。

例えば、経営者と会話するときは、「〇〇社長は、いつもモチベーションが高いですよね」よりも、「〇〇社長は、いつもモチベーションが高いですよね。その源泉は何ですか？」と教えを乞う。

キーワードは「どうしたら」「なぜ」です。

会社の先輩が「昨日の研修で、こんないいこと聞いたんだ〜」と後輩にシェアしたときに、「あ〜、それ私も何かの本で読みました」などと言ったら、先輩は話すのをやめてしまうでしょう。

上司、部下の会話でも、一生懸命メモを取って必死で教えを乞おうとする部下のほうが断然かわいいはずです。

年配の方とお話しするときは、「どうしたら、そのように？」などと、経験則を引き出して、自身の教養も広げてみてください。

雑談の一流を目指すための Check Point

① 人間は、目上の人が目下の人に自分の経験や知識を指導するようにできている

② 「どうしたら」「なぜ」と教えを乞う気持ちで会話する

③ 年配の方に経験則を教えてもらい、自分の知識や教養を広げる

三流の 年配との雑談

何を話せば
いいんだ!?
どう
しました？
あの…えっと…
…その…
変なことを
言ってバカだと
思われたく
ないし…
ベテラン経営者

萎縮してしまい、何も話せない

二流の 年配との雑談

さすが
ですね～！
本心で
言ってるか？
すごい
ですね！
日本一
ですね！
ベテラン経営者

とにかく持ち上げて、ほめる

一流の「年配との雑談」は…
「どうしたら？」「なぜ？」と教えを乞う

「どうしたら？」を活用

○○さんは知識量が
すごいですよね！

どうしたら、
そんなにインプット
できるんですか？

その秘訣を
教えてください！

「なぜ？」を活用

○○社長はいつもモチベー
ションが高いですね！

なぜ、
そんなにモチベーション
を保てるんですか？

その秘訣、
知りたいです！

経験則を引き出すような質問をする

一流から学ぶ 必見のトーク術

雑談の流儀・一覧 5

Chapter 5 相手の懐に入る方法

一流の 会話をするときの姿勢

安心できるように、相手に腹を向ける

Chapter 5 相手の懐に入る方法

一流の ボディーランゲージ

〝手の動き〟で相手の心を開く

Chapter 5 相手の懐に入る方法

一流の 自己開示

相手と楽しみながら少しずつ自己開示する

Chapter 5 相手の懐に入る方法

一流の 年配との接し方

〝うっかり八兵衛〟のような隙をあえて見せる

Chapter 5 相手の懐に入る方法

一流の 年配との雑談

「どうしたら？」「なぜ？」と教えを乞う

Chapter 6

好印象の残し方

テーマ29 印象づけ

三流は過度にアピールして印象に残らず、二流は控えめにアピールして少し印象に残り、一流はどうやって印象づける？

人間の脳は「変化に反応する」

話が流暢で、学歴も高く、大企業に勤めていて、自信もある。一見完璧なのに、「なぜかまた会いたいと思わない……」そんな人に出会ったことはありませんか？

また、とっても親切で、真面目で、いい人なんだけど、なぜか惹かれない、みたいなこともよくありませんか？

これはなぜかというと、**人間の脳は「変化に反応する」ようにできている**からです。

例えば、映画のストーリー。最初から最後まで順風満帆のヒーローの物語を見たいでしょうか？おもしろくないですよね。最初は失敗して、どん底で、キズだらけになって、そして終盤に向けて大躍進していく。そんな物語のほうがおもしろいです。

映画のストーリーは、大抵「失敗から成功へ」という変化で構成されています。

人間は変化に反応しますし、お経のように**リズムに変化がないと眠たくなります。**

相手に印象づけるのは変化、つまりギャップ

では、雑談に変化を応用するとどうなるか？

いかにも優秀で、頭も良さそうで、話しもうまい。これでは変化がないので印象には残りません。**優秀で頭が良さそうに見える人は、逆に頭の悪そうな話をしたほうが魅力的です。**

私もいろんな経営者とお会いしますが、大成功している社長ほど、昔はダメダメな営業マンだった、女性で失敗した、自己破産した、みたいな話をおもしろおかしくしてくれます。

逆に、おバカキャラの人は、たまにアカデミックな賢い話をすると、「あれ、印象と違う」ということになります。

相手に印象づけるのは、変化、つまりギャップです。一流と言われる人ほど、いかにギャップを作って相手を惹きつけるか。そこを徹底的に研究しています。

普段、自分はどう見られているか？　そこにギャップを作るとしたらどんなことをすればいいか？ぜひ自身を分析してみてください。

雑談の一流を目指すための Check Point

1. 人間の脳は、変化に反応するようにできている
2. 変化、つまりギャップが相手に印象を残す
3. 普段、自分はどう見られているか、どんなギャップを作ればいいいか、自身を分析する

三流の 印象づけ
私は学歴も
高くて…
大企業に
勤めて
いまして…
ド〜ン！
へぇ…
……。
過度に自分をアピールする

二流の 印象づけ
私は学歴も会社も
大したことはありませんが、
どうぞよろしくお願いします！
そう
なんですね
ちんまり…
よろしく
お願いします
控えめに自分をアピールする

一流の「印象づけ」は…

「変化に反応」されるようにギャップを見せる

こんにちは！初めまして。
代表取締役社長の
〇〇と申します
よろしく
お願い
します
この人が
あの有名な
成功者の
社長か…
緊張する…
ドキドキ…
うーん、
厳しい人
なのかな…
昔はダメダメな
営業マン
だったんですよ〜
エヘヘヘ…
失敗ばかり
で〜
意外と
そんな一面が
あるんだ〜
思ったより
話しやすそう
な人！
予想を裏切ることで、印象を残す

三流は特徴のないキャラになり、二流は万能キャラとして記憶に残り、一流はどんなキャラで記憶に残す？

どんなキャラとして記憶されているかが大事

あなたは、相手にどんなキャラとして記憶に残されていますか？

突然、「どんなキャラとして記憶に残す？」と聞かれてビックリされたかもしれませんが、とても大事な話です。**相手と別れたあと、相手はあなたのことをどのように記憶しているか**ということです。

以前、オネエの方々がいる新宿二丁目のお店に連れて行ってもらったことがあります。

そこで人気ナンバーワンの方に、ナンバーワンになる秘訣を質問してみました。すると、「そんなの簡単よ。乾杯とか、お料理が出てくるときに、**『ワーイ』『イエーイ』『オ〜』って言えばいいのよ**」と返ってきたのです。

それだけ？　とビックリしました。しかしよく考えると、確かに乾杯や料理が出てくるシーンはちょくちょくあります。そのたびに『ワーイ』『イエーイ』『オ〜』って反応するだけでその場が明るくなる。すると、その人がいるからその場が明るくなると、周りは錯覚するそうです。

何かが出てきたときに誰よりも盛り上げる。その場を明るくすることに命をかける。「**ワイ、イエ、オーの法則よ**」と教えていただきました。

一流の人は必ずエッジが利いている

突出している箇所。これを私たちのスクールでは「エッジ」と言っています。**一流の人は必ずエッジが利いています。**

以前、居酒屋を100店舗まで広げた経営者にお会いしました。

「100店舗まで広げた秘訣は何ですか？」と聞いてみると、即答で「大きな声で挨拶すること」と返ってきました。誰よりも元気に明るく自ら挨拶をする、「挨拶と言えばこの人」という強烈なエッジが利いている方でした。

エッジを利かせれば嫌われることもあります。しかし強烈なファンを生み出す可能性も出てきます。

無難を選べばリスクは少なくなりますが、記憶に残ることもないでしょう。**いろんなキャラを試して場数を踏んでいく。これが成功者のパターンです。**

雑談の一流を目指すための Check Point

① あなたのキャラは、相手が「あなたのことをどのように記憶しているか」で決まる

② 一流の人には、突出している箇所がある

③ エッジを利かせれば、強烈なファンを生むこともある

三流の 記憶に残す方法

あの人、どんな人
だったっけ…？
思い出せない…

特徴がなく、記憶に残らない

二流の 記憶に残す方法

あのとき、ちょっと
話しかけてくれた
人ね
何となく
覚えてる…かな？

万能キャラとして記憶に残る

一流の「記憶に残す方法」は…

唯一無二のキャラとして記憶に残す

こんにちは！
こんにちは！
こんにちは！
こんにちは！
こんにちは！
こんにちは！
こんにちは！
あの、いろいろな人に
すごい大きな声で
挨拶していた人！
挨拶と言えばあの人！
あの気持ちのいい挨拶は
忘れられないわねぇ

ファンができるくらいの大きな衝撃を残す

三流は「それでは」とひと言伝え、二流は「楽しかったです」と感想を伝え、一流は最後に何を伝える？

具体的な言葉があると相手は気持ちよくなる

「それでは」と、相手に伝えて別れるシーンがよくあります。

しかし、これだけでは物足りません。その前に「今日は楽しかったです」とひと言つけ加えるのも悪くはありませんが、一流はもっと最後のひと言にこだわりを持っています。

終わりよければすべてよしではないですが、途中何か失言があったり、変な空気になったとしても、去り際のひと言でそれらをひっくり返せることがあるからです。

普段の会話でも、例えばある経営者と会食をしたとして、

「今日は楽しい話をありがとうございました」と伝えるか、

「今日の創業時の苦労話、メチャメチャ勉強になりました。また聞かせてください」と伝えるか。

前者と後者の違いは「抽象と具体」です。前者のように抽象的に伝えられるよりも、後者のように具体的に伝えられるほうが、相手はきっと気持ちがいいはずです。

去り際に伝えたい「今日のトピックス」

雑談の去り際も、話に出た具体的なトピックスを一つピックアップしてみてください。

旅行の話が出たのであれば、

「○○さんの旅行の話、刺激的でした。ぜひまた聞かせてください」

最近疲れている……という話が出たのであれば、

「○○さん、明日くらいは早く帰宅してくださいね」と。

以前、新卒1年目の方とお茶をして、たわいもない話を1時間ほどしていたときのこと。何をしゃべったか覚えていないレベルの雑談です。しかし、その方は私と話している間、ちょいちょいメモを取っていました。そして別れ際に、

「桐生さん。今日の教育業界の話、とても共感しました。ぜひまた聞かせてください」

と言われました。私は「そんな話をしたっけ？」というレベルだったのですが、そう言われてとてもうれしかったのを覚えています。

相手の記憶に残すには具体的なエピソードが必要です。去り際の美学として、ぜひ「今日のトピックスを一つ伝える」ことを実践してみてください。

雑談の一流を目指すための Check Point

① 去り際に具体的なひと言を残すと、相手の印象に残る

② 雑談の去り際も、話に出たトピックスを一つピックアップして伝える

③ 自分を相手の記憶に残すには、具体的なエピソードが必要

三流の 最後のひと言

それでは…
今日はこれで…
あ、はい…

相手に何の印象も残らない

二流の 最後のひと言

楽しかったです。
ありがとう
ございました
こちらこそ
ありがとう
ございました

会話の感想をつけ加える

一流の「最後のひと言」は…

記憶に残った具体的なエピソードを伝える

経営者との会食で
経営の話を聞いた場合

創業時の苦労話、
とても勉強になりました。
また聞かせてください！

それは
よかった！
そうかそうか。
よし、また話を
してあげよう！

旅行の話が出た場合

あの旅行の話、
刺激的でした。ぜひまた
聞かせてください！

刺激的
でしたか～♪
そう言って
もらえると、また
話したくなるなぁ

最近疲れている……
という話が出た場合

明日くらいは早く
帰宅してくださいね

わ～うれしい
お気遣い！
疲れ気味って
話したこと、
覚えてたんだ～

別れ際のひと言に注力し、また会いたい気持ちを作り出す

三流は 何もせず普通に「サヨナラ」をし、二流は 次に会う約束を取りつけようとし、一流は 何をしている？

また会いたいと思わせる「親近効果」を利用する

プレゼンや商談、合コンで初対面なのに「次も会いたい」と思ってもらえる機会が増えれば、あなたの人間関係は大きく広がります。「次も会いたい」と思っていただくには、「親近効果」を利用するといいでしょう。

親近効果とは、アメリカの心理学者N・H・アンダーソンが提唱したもので、簡単に言えば、「人は最後に得た情報に影響を受けやすい」という効果です。

例えば、映画で「ラスト5分に衝撃の結末が！」というものがあります。ラスト5分でとんでもない結末を迎えると、それまで大したことのない内容だったとしても、ラスト5分の内容が強烈なインパクトとなって頭に残るのです。

これは人間関係にも言えることで、最後に与えるインパクトが次の展開にも大きく影響します。

去り際にインパクトを与えるには、相手の頭の中に「空白」を作ることです。つまり、続きが気になる「フレーズ」を残して去るということです。

「また機会がありましたら、お会いしましょう」では、空白を作れません。これを、

「確か、青魚が好きだとおっしゃってましたよね。新宿に青魚専門の有名なお店があるんですよ。ぜひ今度行きましょう」

というトークに変えてみる。

相手の頭の中に、「青魚専門の有名なお店」という空白を残して去る。すると、実際に行くかどうかはわかりませんが、相手は気になるはずです。なぜなら、人間の脳は空白を嫌うからです。

気になるフレーズはいくつか用意しておく

一流はご縁の大切さを知っています。次も会いたいと思ってもらうには、「相手の脳に空白」を作ることです。

空白を埋めたくなる心理を活かして、番宣する（気になるフレーズを伝える）。

即興で作るのは難しいと思うので、最初はその場のシチュエーションに合わせていくつか用意しておくことをオススメします。試していくうちにアドリブでできるようになります。

雑談の一流を目指すための Check Point

① 人は、最後に得た情報に影響を受けやすい

② 去り際にインパクトを与えるには、続きが気になる「フレーズ」を残して去る

③ 次も会いたいと思ってもらうには「相手の脳に空白」を作る

三流の もう一度
会うためのコツ
では
さようなら
あっはい、
さようなら…
ごく普通に「サヨナラ」をする

一流の「もう一度会うためのコツ」は…
相手の脳内に「埋めたくなる空白」を作る

去り際に残すと…
相手は頭の中に
できた空白を

テーマ33 別れ際の作法

三流は軽く頭を下げて次の行動に移り、二流は深々と一礼し、一流はどのように見送る？

最後に好印象が残るとまた会いたくなる

「ほんの1秒、2秒なのに惜しい……」と思うことがよくあります。それは商談の去り際です。

エレベーターでお見送りするときに、エレベーターが完全に閉まる前に頭を上げる人、また完全に閉まり切っていないのに部屋に戻ろうとする人。

本来ならば、エレベーターが完全に閉まるまで頭を下げて感謝の気持ちを伝えるべきところ、閉まる前に次の行動を取ってしまうのです。せっかくそれまでの商談がいい雰囲気だったとしても、この一瞬の行動で相手の印象は悪くなります。

逆に去り際が徹底されている企業は、気持ちがいいです。

以前私が、売上高1兆円を超える老舗企業で講演をさせていただいたときのこと。担当者が玄関までお見送りをしてくれました。

私はお礼を言い、玄関を出て、そのまま真っすぐ歩きだしました。少し歩いて曲がり角に差し掛かったときに、一応玄関のほうを振り返ってみると、なんとその担当者はまだ頭を下げておられました。

やはり売上高が兆を超える伝統ある企業は、しっかり研修されていると感心しました。最後に好印象を残すと、ずっと記憶に残り、また会いたくなります。

ほんの少しの時間が印象に大きく影響する

私の友人で、保険業界で世界ランクの称号を持つトップセールスマンがいます。

彼は、お客様の玄関先を出るときに、たとえそこにお客様がいなくても、「本日もお会いいただき、ありがとうございました」と気持ちをこめて、玄関で深々と一礼をして、その会社をあとにするそうです。

エレベーターであれば完全にドアが閉まるまでお辞儀をする。

お見送りのシーンでは相手の姿が見えなくなるまでお見送りする。

友達との別れ際でも相手が見えなくなるまで大きく手を振る。

これらは、ほんの少しの時間です。その少しの時間が、そのあとのあなたの印象に大きな影響を与えます。

雑談の一流を目指すための Check Point

① エレベーターが完全に閉まるまで、頭を下げて気持ちを伝える

② 最後に好印象が残った人は、ずっと記憶に残り、また会いたくなる

③ ほんの少しのことで、あなたの印象が大きく変わる

戻ろうっと

深々と一礼するが、惜しい

一流の「別れ際の作法」は…
相手が見えなくなるまで感謝を伝える

エレベーターであれば、
完全にドアが閉まるまでお辞儀をする

弊社にお越し
いただきまして、

友達との別れ際でも、相手が
見えなくなるまで大きく手を振る

今日は楽しかったよ～！
またいつでも
遊びに来てね～！

別れ際のほんの少しの努力が、大きなインパクトを与える

一流から学ぶ
必見のトーク術

雑談の流儀・一覧 6

Chapter 6
好印象の
残し方

一流の 印象づけ

「変化に反応」されるようにギャップを見せる

Chapter 6
好印象の
残し方

一流の 記憶に残す方法

唯一無二のキャラとして記憶に残す

Chapter 6
好印象の
残し方

一流の 最後のひと言

記憶に残った具体的なエピソードを伝える

Chapter 6
好印象の
残し方

一流の もう一度会うためのコツ

相手の脳内に「埋めたくなる空白」を作る

Chapter 6
好印象の
残し方

一流の 別れ際の作法

相手が見えなくなるまで感謝を伝える

Chapter 7

雑談がうまい人の心構え

三流は 興味を持たずに無関心のままにし、
二流は 無理やり興味を持とうとし、
一流は どのように考える？

どうすれば他人に興味を持てるのか？

私が主催するスクールには今まで約3万人の受講者がいますが、「他人に興味が持てない、相手との会話も弾まない」という声をよく聞きます。これは無理もありません。

今、あなたの身近な人の中に、あなたが本当に興味を持てる人は何人くらいいますか？

例えば、あなたが8人の課の職場で働いているとします。その中で、あなたが本当に興味のある人は、正直、一人いるか、いないかではないでしょうか？

普通は、興味を持てる相手に出くわすほうが稀なのです。

では、どうすればそのような相手と会話を弾ませられるのか？

それは、あなたが「好奇心」を持つことです。

専門家になるつもりで相手の話を聞く

例えば、釣りに興味はなくても、釣りの話を聞くことで、まだ自分が体験したことがない知識を増やすことができます。これは、まさに好奇心を満たす行為です。

それができれば、今度、誰かと話すときに、「先日釣り好きの人から聞いた話なんだけど」と、話題を増やすこともできます。

決して無理やり興味を持とうとするのではなく、知らないものを知ろうとする好奇心をかき立てるのです。そして、まるでレポーターが取材するかのように聞きます。

「釣りが好きなんですか！　どこがおもしろいんですか？　何が釣れるんですか？」

このように、新たな知識を得るつもりでインタビューしてみます。

昔、ある有名な講演家から、「人の話を聞くときは、**自分がその道の専門家になるような気持ちで聞きなさい**」と教えていただきました。真摯に質問すると、相手も満足して話してくれるはずです。

哲学者ソクラテスの思想を表した「無知の知」という言葉があります。「**知らないことを自覚すること。これがよりよく生きるための指針である**」というものです。

好奇心は会話を盛り上げると同時に、自分のモチベーションを盛り上げるスイッチにもなるのです。

雑談の一流を目指すための Check Point

① 知らないものを知ろうとすると、好奇心がかき立てられる

② 自分の知らない話を聞くことで、話題や知識を得ることができる

③ 知らないことを自覚して、学ぼうと話を聞けば、よりよい人生につながる

三流の 相手への関心

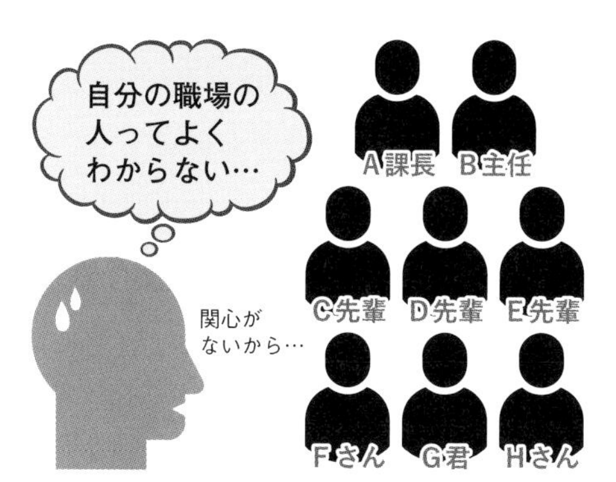
自分の職場の
人ってよく
わからない…
関心が
ないから…
A課長
B主任
C先輩
D先輩
E先輩
Fさん
G君
Hさん

他人に関心が持てない

二流の 相手への関心

まずは話して
興味を持って
みよう…
え？
お見合い!?
えっと…
ご趣味は？

無理やり興味を持とうとする

一流の「相手への関心」は…
自分の好奇心を満たそうとする

釣りですか！
どこがおもしろいん
ですか？

私は昔から
釣りが好きなんです

へぇ～！何が
釣れるんですか？

そうなのか～
メモメモ！

フライフィッシング
は奥が深くてね…

イワナやヤマメ、
アマゴ、ニジマス
とかが釣れるよ

好奇心

好奇心を満たしながら、
その道の専門家になる
ような気持ちで話を聞く

新たな知識を得られる喜びを感じながら、話を聞く

テーマ35 自信をつける方法

三流はいつまでも自信が持てず、二流はアファメーションで自分を高め、一流はどうやって自信をつける?

「見通し」が立てば自信が持てる

「人と会話をするのが苦手」「初対面だと緊張する」。その根っこには「自分に自信が持てない」という不安が存在します。

自信を持つためにはアファメーションという技法が使われます。

アファメーションとは、「自分自身に肯定的な宣言をする」ということです。具体的には「自分はできる」と自認すること。

それ自体はいいことですが、何のよりどころもなく、ただ自分を認めても説得力がありません。

「自分に自信が持てない」という人は、常に自信がないわけではありません。好きなことや得意なことに関しては、臆することなく話せたりもします。つまり自信を持って話せる能力自体はあるのです。

なぜ自信を持って話せるときと、話せないときがあるのか?

実は、自分が話すことについて「見通し」が立っているときは、うまく話せるのです。人間は、「おおむねこんな話になる」と想像できるときは自信を持てます。自分の好きなことや得意なことは自信を持って話せることが多いのです。

しかし、突然「メソポタミア文明について30分話してください」と言われたら、急に自信がなくなります。メソポタミア文明については、よく知らない……つまり、話す見通しが立たないからです。

想像力を働かせて会話を楽しもう

雑談はとっさの出来事です。どんな話になるかわかりません。しかし、想像力を使って見通しを立てることは可能です。

本書で述べてきたことを実践して経験を積めば、予測が立てられ、自信を持って会話ができるようになります。

人間の最強の能力は想像力、つまりイマジネーションです。いくらAIが発達しても、人間の想像力を超えることはないでしょう。

想像することは自由です。その**想像した世界の鮮度が高いほど実現していきます。**

皆さんの想像力をフル活用して、「あの人とどんな会話で楽しもうか」と、雑談が楽しくなるようなイメージをしてみてください。

雑談の一流を目指すための Check Point

1. **誰にでも、自信を持って話ができる能力はある**
2. **見通しが立てば、自信を持って話すことができる**
3. **どんな話になるのか、想像力を働かせておけば、自信持って会話ができる**

三流の 自信をつける方法

明日は
プレゼンか…
大丈夫かな…
緊張するし…
成功する気が
しないな…
ダメだ…
絶対に失敗する…
どうしよう…

いつまでも自信が持てない

二流の 自信をつける方法

明日の
プレゼンは
うまくいく！
私は上手に
話せる！
絶対に
できる！
失敗しない！
大丈夫！

「自分はできる！」と言い聞かせる

一流の「自信をつける方法」は…
イマジネーションで会話に自信をつける

イマジネーション

明日のプレゼンは
初対面の人が
多いから…

会話の見通し

まず自己紹介を
しっかりやってから
商品説明、その後に
他社との違いを話そう

イマジネーション

○○さんは
フレンチが好きと
言っていたから…

会話の見通し

最近できた
フレンチ専門店の
話をしてみよう

会話の見通しを事前に立てておく

テーマ36 自己投資

三流は 何も学ばずに過ごし、二流は たくさんの知識を得るために学び、一流は 何のために学ぶ？

一流の人は普通のことを学ぶ

私は、過去に1000名以上の経営者とお話ししました。

そのとき必ず、「今、何を学んでいらっしゃいますか？」と質問します。その答えとして頻繁に出てくるのが、「話すこと」です。

「話すこと」をわざわざ習う必要はない、と思う人もいるかもしれませんが、一流は違います。

我々は話すことを1日に何回も行い、相手に意思を伝え、コミュニケーションをはかります。一流は話すことをないがしろにしません。だから本から学んだり、研修やセミナーに参加したり、コーチから習ったりするのです。

一流が学んでいるのは、すごく普通のことです。

例えば「呼吸」。普通は「呼吸なんて勉強するものではない」と思われるかもしれません。しかし、呼吸のやり方、深さ、リズムで、その人のコンディションは大きく変わります。一流と言われる人には、呼吸や瞑想を取り入れている人が非常に多いです。

成果を出す人は、「普通にできること、しかし価値があること」に注力しているのです。

雑談を学ぶと相手との関係性が変わる

雑談も普通にできることかもしれません。しかし、最初の挨拶、話の切り出し方、話の聞き方、反応力、ボキャブラリーの増やし方、これを勉強するだけで、相手との関係性は大きく変わります。

雑談は日常からでも学べます。

例えばテレビで、明石家さんまさんがよく使うのは、「へ～なるほど～」「ほ～それで？」「ほしたら？」というあいづち。これをどんどん使って、話を盛り上げていきます。

私は毎朝『おはよう寺ちゃん』というラジオ番組を聞いているのですが、MCの寺島尚正さんは、「ええ～」というあいづちを3パターンに使い分けています。

一流は間違いなくコミュニケーションの達人です。常に、「どんな会話をしたら、相手が心を開いてくれるか」「相手が求めているものは何か」「相手が喜んでくれるものは何か」などを徹底的に研究しています。

雑談の一流を目指すための Check Point

① 普通にできることでも、価値があることは、わざわざ学ぶ

② 雑談を学ぶだけで、相手との関係性が大きく変わる

③ 一流と言われる人は、常にコミュニケーションについて徹底的に研究している

三流の 自己投資

いや…
特に何も…
何を学んで
いますか？
ダメですか？
えっ
そうですか…

何も学ばず、何も得られない

二流の 自己投資

こんなに多くの
本を読みました～
知識、
満タンです

知識を得るだけで満足する

一流の「自己投資」は…「日常で成果を出すため」に学ぶ

「呼吸」を学ぶ

呼吸のやり方や深さ、リズムで
コンディションは大きく変わる

「話すこと」を学ぶ

雑談を勉強することで、
相手との関係性は大きく変わる

普段あたり前にできていることこそ、自己啓発する

テーマ37 成功の秘訣

三流は「生まれ持った才能です」と答え、二流は「意思の強さです」と答え、一流は何と答える？

成功者たちの共通点とは何か？

成功者たちに、必ずと言っていいほど共通して語られることがあります。

それは……「運の強さ」です。

努力や才能も必要だと思いますが、功績を残した方々の自伝には必ず「偶然」「幸いにも」「運よく」という言葉が並びます。

私が知っている経営者には、癌と宣告されたが奇跡的な回復をして大成功した人や、大事故に遭いながらも見事に復活した人が多数います。

実は、私も運が強いと思います。

私の祖父は太平洋戦争を戦いました。祖父は、今で言う北朝鮮の会寧からフィリピンに船で向かう途中、奇襲攻撃に遭いました。船は沈没し、600人の乗組員のほとんどが亡くなりましたが、奇跡的に7人だけが生き残りました。そのうちの一人が私の祖父です。

そう考えると、私が今生きていることも奇跡です。運が強いとしか思えません。

考え方次第で誰もが強運になれる

奇跡的な出来事を経験した人だけが運が強いのかというと、そうではありません。

人間は、1回の射精で放出された1~3億の精子のたった一つが卵子に到達して受精します。何億もの精子からたった一つ生き残ったのがあなただとしたら、こんな奇跡はありません。**すでに誰もが幸運の持ち主です。**

生まれたこと自体が幸運。生きているだけで幸せ。明石家さんまさんのお子さんＩＭＡＬＵさんは、「生きているだけで丸儲け」の略でイマルだそうです。そんな解釈ができる人に、人も情報もお金も、そして幸運も集まってくるのではないかと思います。

雑談も人間関係を形成する大事な要素。**誰だって「私は不幸だ」と思っている人よりは、「私は幸せである」と思っている人と話したいはずです。**

そのためにも、私たち個人が「生まれたこと自体が奇跡」という解釈を持って、心の底から感謝できるかどうか。

これが**人生を豊かにする最大のポイント**だと思います。

雑談の一流を目指すための Check Point

① 成功者の共通点は、自分は「強運」だと思っていること

② 「不幸だ」と思っている人より、「幸せだ」と思っている人のほうが、周りから話したいと思われる

③ 感謝の気持ちを持てる人が人生を豊かにできる

三流の 成功の秘訣

成功の秘訣は？

生まれ持った
才能でしょ！

自慢げに話す

二流の 成功の秘訣

成功の秘訣は？
私は毎朝４時に起きて、
瞑想とジョギングをして、
６時に出社します！

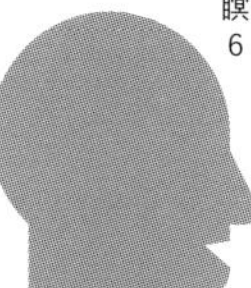
意思の
強さです!!

努力をアピールする

一流の「成功の秘訣」は…
何よりも「運の強さ」と答える

雑談の
一流

生まれたこと自体が奇跡！
感謝です！

生きているだけで幸せ！
ありがたい！

そんな解釈が
できる人たちに…

人も情報もお金も
幸運も集まる！

人

情報

お金

幸運

「生まれたことが奇跡」という解釈を人生に取り入れる

一流から学ぶ
必見のトーク術

雑談の流儀・一覧 7

Chapter 7
雑談がうまい人の心構え

一流の 相手への関心

自分の好奇心を満たそうとする

Chapter 7
雑談がうまい人の心構え

一流の 自信をつける方法

イマジネーションで会話に自信をつける

Chapter 7
雑談がうまい人の心構え

一流の 自己投資

「日常で成果を出すため」に学ぶ

Chapter 7
雑談がうまい人の心構え

一流の 成功の秘訣

何よりも「運の強さ」と答える

おわりに

雑談は、いつでも、どこでも、誰とでも実施できるリアルなコミュニケーションです。

いよいよ超高速通信「5G」の時代がやってきます。

そして、車が無人で走り、荷物がドローンで家まで届けてくれて、お店からはレジがなくなるなど、人を介さずにあらゆることが実施できる世の中がやってきます。

今後、テレビの役割がスマホに移り変われば、お茶の間で家族が団らんすることもなくなるかもしれません。IoTが進化して、自動で冷蔵庫から食材を取り出し、料理を作れるようになれば、子供がおかあさんの料理を手伝うことがなくなるかもしれません。友人との会話は、ほとんどがインターネットに移行していくかもしれません。

このように便利な世の中になっていく一方で、「リアルなコミュニケーションが激減していく」ことは確実です。リアルなコミュニケーションとは、実際に会って、生の会話を交わし、感情を汲み取り、直接的に意思疎通を図るコミュニケーションです。

私はインターネットのコミュニケーションが悪いとは思いません。世の中が進化することは素晴らしいことだと思います。ただ問題なのは、その進化と同時にリアルなコミュニケーションがまったく進化していないことです。

車はアクセルとブレーキの両方を進化させて性能のいい車を作ってきましたが、それと同じく、インターネットのコミュニケーションとリアルなコミュニケーションが高次元で発展していくからこそ、素晴らしい人間関係、アイデア、文化が形成されると思っています。

今、日本の教育業界を見ると、リアルなコミュニケーションを学ぶ環境があまりにも脆弱です。それを補うべく、私はコミュニケーションスクールを立ち上げました。まだまだ非力ではありますが、当社のコミュニケーショントレーニングは全国に広がっています。

リアルなコミュニケーション力を磨くにはどうすればいいか？

それが本書のテーマ「雑談」です。

雑談は、いつでも、どこでも、誰とでも実施できるリアルなコミュニケーションです。特段用事がなくても、話したいことが決まっていなくても、「最近どう？」からはじめられる意思疎通手段です。

雑談はその場の空気が命です。心地よい、楽しい、ワクワクする、盛り上がる、高揚する、元気が出る。そういったプラスな感情を生み出す力が雑談には秘められています。

人工知能が発達すればするほど、人間に宿る感情が最も大事な時代が到来します。

ぜひ、本書を活用することで、あなたのリアルなコミュニケーション力が開花し、深い人間関係が築かれ、人と人との心を通じて素晴らしいストーリーが生まれることを願い、本書を締めくくります。

最後までお読みいただき本当にありがとうございます。心より感謝申し上げます。

桐生 稔

Profile

桐生 稔 Minoru Kiryu

株式会社モチベーション＆コミュニケーション代表取締役
日本能力開発推進協会メンタル心理カウンセラー
日本能力開発推進協会上級心理カウンセラー
一般社団法人日本声診断協会音声心理士

1978年生まれ。新潟県十日町市出身。2002年、全国1200支店運営する大手人材派遣会社に入社。極度な人見知りが原因で新卒３カ月で左遷される。そこから一念発起し、売上達成率No.1を実現する。その後、音楽スクールに転職、事業部長として350名の講師をマネジメントする。
2017年、社会人のリアルコミュニケーション力を向上すべく、株式会社モチベーション＆コミュニケーションを設立。現在全国35都道府県でコミュニケーションセミナー、研修事業を展開する。
数多くトレーニングを行ってきた経験から、人の心が動くコミュニケーションパターンを発見。日経新聞、プレジデント、東洋経済ONLINE、Yahoo!ニュースなど、数多くのメディアにも掲載される。
セミナーや研修では、60分に20回以上笑いが起こり、場が燃え上がり、最後には衝撃的な感動が走る「心震わすメソッド」をお届けしている。
著書に『10秒でズバッと伝わる話し方』（扶桑社）、『30秒で伝える技術』（KADOKAWA）、『雑談の一流、二流、三流』『説明の一流、二流、三流』（共に明日香出版社）がある。

本書の内容に関するお問い合わせは弊社HPからお願いいたします。

〈図解〉雑談の一流、二流、三流

2021年 8月 18日 初 版 発 行

著 者 桐 生 稔
発行者 石 野 栄 一

明日香出版社

〒112-0005 東京都文京区水道 2-11-5
電話 (03) 5395-7650（代 表）
(03) 5395-7654（FAX）
郵便振替 00150-6-183481
https://www.asuka-g.co.jp

■スタッフ■ 編集部 田中裕也／久松圭祐／藤田知子／藤本さやか／朝倉優梨奈／竹中初音／畠山由梨／竹内博香
営業部 渡辺久夫／奥本達哉／横尾一樹／関山美保子

印刷・製本 株式会社フクイン
ISBN 978-4-7569-2164-2 C0036

編集担当 久松圭祐